MIX
Papier aus verantwortungsvollen Quellen
Paper from responsible sources
FSC® C105338

Isolde Grabner

Neustart mit Hindernissen

Wege zum beruflichen Wiedereinstieg
für geringqualifizierte Frauen

Bachelor + Master
Publishing

Grabner, Isolde: Neustart mit Hindernissen. Wege zum beruflichen Wiedereinstieg für geringqualifizierte Frauen, Hamburg, Diplomica Verlag GmbH 2013
Originaltitel der Abschlussarbeit: Berufsorientierung für Wiedereinsteigerinnen ohne abgeschlossene Berufsausbildung

ISBN: 978-3-95549-013-3
Druck: Bachelor + Master Publishing, ein Imprint der Diplomica® Verlag GmbH, Hamburg, 2013
Zugl. FernUniversität in Hagen, Hagen, Deutschland, Bachelorarbeit, Januar 2012

Bibliografische Information der Deutschen Nationalbibliothek:
Die Deutsche Nationalbibliothek verzeichnet diese Publikation in der Deutschen Nationalbibliografie; detaillierte bibliografische Daten sind im Internet über http://dnb.d-nb.de abrufbar.

Die digitale Ausgabe (eBook-Ausgabe) dieses Titels trägt die ISBN 978-3-95549-513-8 und kann über den Handel oder den Verlag bezogen werden.

Dieses Werk ist urheberrechtlich geschützt. Die dadurch begründeten Rechte, insbesondere die der Übersetzung, des Nachdrucks, des Vortrags, der Entnahme von Abbildungen und Tabellen, der Funksendung, der Mikroverfilmung oder der Vervielfältigung auf anderen Wegen und der Speicherung in Datenverarbeitungsanlagen, bleiben, auch bei nur auszugsweiser Verwertung, vorbehalten. Eine Vervielfältigung dieses Werkes oder von Teilen dieses Werkes ist auch im Einzelfall nur in den Grenzen der gesetzlichen Bestimmungen des Urheberrechtsgesetzes der Bundesrepublik Deutschland in der jeweils geltenden Fassung zulässig. Sie ist grundsätzlich vergütungspflichtig. Zuwiderhandlungen unterliegen den Strafbestimmungen des Urheberrechtes.

Die Wiedergabe von Gebrauchsnamen, Handelsnamen, Warenbezeichnungen usw. in diesem Werk berechtigt auch ohne besondere Kennzeichnung nicht zu der Annahme, dass solche Namen im Sinne der Warenzeichen- und Markenschutz-Gesetzgebung als frei zu betrachten wären und daher von jedermann benutzt werden dürften.

Die Informationen in diesem Werk wurden mit Sorgfalt erarbeitet. Dennoch können Fehler nicht vollständig ausgeschlossen werden, und die Diplomarbeiten Agentur, die Autoren oder Übersetzer übernehmen keine juristische Verantwortung oder irgendeine Haftung für evtl. verbliebene fehlerhafte Angaben und deren Folgen.

© Bachelor + Master Publishing, ein Imprint der Diplomica® Verlag GmbH
http://www.diplom.de, Hamburg 2013
Printed in Germany

Inhalt

1 Einleitung 1

2 Arbeitswelt und Familienleben 3
   2.1 Gering qualifizierte Frauen im Erwerbsleben 3
   2.2 Aufgabenteilung in Haushalt und Kinderbetreuung 4

3 Weiterbildung nach der Familienphase 6
   3.1 Gründe für die Weiterbildung 6
   3.2 Weiterbildungsbarrieren 7
      3.2.1 Probleme beim Zugang zu Bildungsmaßnahmen 7
      3.2.2 Vereinbarkeit von Beruf, Weiterbildung und Familie 9
      3.2.3 Persönliche Barrieren 10

4 Kompetenzentwicklung 12
   4.1 Lernen für Wiedereinsteigerinnen 12
      4.1.1 Lernmotivation 12
      4.1.2 Selbstbestimmung und Selbstvertrauen als Voraussetzungen für das Lernen 13
      4.1.3 Anknüpfungspunkte der Weiterbildung 18
   4.2 Funktionen der Erwachsenenbildung 20
   4.3 Für Wiedereinsteigerinnen nutzbare Ansätze der Erwachsenenbildung....22
      4.3.1 Konzept des Lebenslangen Lernens 22
      4.3.2 Biografietheoretische Ansätze 25
      4.3.3 Konstruktivistische Ansätze 27
      4.3.4 Kohärenzorientierte Lernkultur 29
      4.3.4.1 Verstehbarkeit 31
      4.3.4.2 Bewältigbarkeit 32
      4.3.4.3 Bedeutsamkeit 33
   4.4 Gendergerechte Erwachsenenbildung 35
   4.5 Kompetenzen aus der Familienphase 37

5 Berufliche Weiterbildung für Wiedereinsteigerinnen 39
   5.1 Berufsorientierung 39
   5.2 Aufbau von Orientierungsmaßnahmen am Beispiel „Wiedereinstieg mit Zukunft" 40

6 Fazit 43

Literatur 46

1 Einleitung

Gegenstand dieser Bachelorarbeit sind Frauen ohne abgeschlossene Berufsausbildung, die den Wunsch haben, nach einer Familienphase erstmals oder wieder in ein Beschäftigungsverhältnis einzutreten. Es wird nach Möglichkeiten geforscht, die es diesen Frauen erleichtern, durch Weiterbildungs- oder auch Persönlichkeitsbildungsmaßnahmen zu einem selbstbestimmten Leben zu gelangen und auf dem Arbeitsmarkt Fuß fassen zu können.

Um die weitere berufliche Entwicklung der Frauen in den Blick nehmen zu können, erfolgt zuerst eine Betrachtung der gesellschaftlichen Bedingungen, die gering qualifizierte Frauen vorfinden. Es wird darauf eingegangen, welche Möglichkeiten der Arbeitsmarkt diesen Frauen bietet und wie diese Möglichkeiten in der Realität genutzt werden können, wenn auch Haushalt und Kinder zu betreuen sind. In einem weiteren Punkt geht es um die Gründe für einen beruflichen Wiedereinstieg und die Barrieren, die diesem entgegenstehen können.

Die weitere Arbeit beschäftigt sich mit der Weiterentwicklung von Frauen ohne abgeschlossene Berufsausbildung in beruflicher, aber auch in persönlicher Hinsicht. Es wird auf die Entwicklung von Kompetenzen und Voraussetzungen für die Beteiligung an Bildungsmaßnahmen, auf die Möglichkeiten in der Erwachsenenbildung und das Lernen nach einer längeren Lernabstinenz sowie eine gendergerechte Erwachsenenbildung eingegangen. Behandelt werden auch die während der Familienphase gewonnenen Kompetenzen.

Eine Voraussetzung für die Frauen, um sich ein Bild von ihren Möglichkeiten auf dem Arbeitsmarkt verschaffen zu können, ist ein Berufsorientierungskurs, also eine Erhebung der persönlichen Voraussetzungen und die Möglichkeit, einen Überblick über Ausbildungs- und Beschäftigungskriterien und -chancen zu gewinnen. Es folgt die kritische Betrachtung einer derartigen Bildungsmaßnahme mit einem Blick auf die Möglichkeiten von Wiedereinsteigerinnen in technischen Berufen.

Vielfach ist das Vertrauen der Frauen in ihre eigene Lernfähigkeit und die vorhandenen eventuell aus der Familienphase stammenden Kompetenzen gering ausgeprägt, sei es durch das soziale Umfeld oder durch negative Lernerfahrungen aus der Vergangenheit. Als Frage lässt sich hier formulieren, wie ein Kurs zur

Berufsorientierung beschaffen sein muss, um Frauen, die bisher keinen Berufsabschluss haben, Weiterbildung in einer Weise nahe zu bringen, dass sie es als eigenes Ziel betrachten, ihre Fähigkeiten und Qualifikationen zu erweitern, um bessere Chancen nicht nur auf dem Arbeitsmarkt, sondern auch auf ein zufriedenstellendes Leben zu erreichen. Zentrale These der vorliegenden Arbeit ist, dass der Aufbau des Selbstvertrauens der Wiedereinsteigerinnen und auch das Vertrauen in die eigene Fähigkeit, das Leben zu bewältigen, den Einstieg in Berufsorientierungsmaßnahmen bilden müssen, ehe tatsächliche berufliche Qualifizierungsmaßnahmen in Angriff genommen werden können.

Es ist den Frauen, die an einem Berufsorientierungskurs teilnehmen, in ihrer Jugend nicht gelungen oder sie hatten nicht den Wunsch, sich durch eine zertifizierte berufliche Ausbildung in ihrer sozialen Umwelt zu verorten. Ihre Position in der Welt ist von persönlichen Zugehörigkeiten, etwa zu Familie, Partner oder Kindern geprägt. Es ist nun die Aufgabe von Berufsorientierungskursen, gemeinsam mit den Teilnehmerinnen einen Platz – und auch einen Platzanspruch – auf dem Erwerbsarbeitssektor zu erarbeiten.

2 Arbeitswelt und Familienleben

2.1 Gering qualifizierte Frauen im Erwerbsleben

Die Erwerbsquote von Frauen ist in den vergangenen Jahrzehnten stetig angestiegen. Tendenziell ist eine Annäherung der Frauenerwerbsquote an die von Männern zu erkennen, „was im Wesentlichen darauf zurückzuführen ist, dass die Erwerbsunterbrechungszeiten von Frauen aufgrund familiärer Verpflichtungen kürzer geworden sind (Haidacher, 2007, S. 53). In den vergangenen Jahrzehnten ist der Anteil von gering qualifizierten ArbeitnehmerInnen an den Erwerbstätigen insgesamt zurück gegangen. In Österreich sank der Anteil der ArbeitnehmerInnen mit dem Pflichtschulabschluss als höchstem Abschluss in den Jahren 1991 bis 2001 von 29% auf 23%, für das Jahr 2010 weist die Mikrozensus Arbeitskräfteerhebung einen Anteil von unselbstständig Beschäftigten mit höchstens Pflichtschulabschluss von 15% aus (Statisik Austria, 2011a, S. 27). 2008 waren es laut Krenn (2010, S. 6) noch 17%.

Der österreichische Arbeitsmarkt ist stark an formalen Abschlüssen orientiert, was für Wiedereinsteigerinnen ohne abgeschlossene Berufsausbildung eine besonders schwierige Situation schafft. Frauen mit geringen Qualifikationen haben in der Regel ein geringes Einkommen und instabile Berufslaufbahnen, weshalb sie nach der Familienpause seltener in ein aufrechtes Dienstverhältnis zurückkehren können als besser ausgebildete Frauen (vgl. Wroblewski, Latcheva, Leitner, 2009, S. 4 f.). Der Begriff „gering Qualifizierte" bezieht sich auf die erzielen formalen Abschlüsse beruflicher Qualifikationsmaßnahmen und bezeichnet in der Regel Menschen ohne einen formalen beruflichen Ausbildungsabschluss (vgl. Krenn, 2010, S. 3).

Die Benachteiligung von Frauen auf dem Arbeitsmarkt zeigt sich an ihrer überproportionalen Beschäftigung in minder anspruchsvollen Tätigkeiten, dem hohen Anteil an Beschäftigungslosen sowie im hohen Frauenanteil „an befristeten und ungeschützten Arbeitsverhältnissen und umgekehrt an ihrem geringen Anteil an Führungspositionen" (Haidacher, 2007, S. 53). Außerdem stellen Frauen im Teilzeitarbeitsmarkt die bei weitem überwiegende Mehrheit. Laut Brüning (2002, S. 45) sind es 97 Prozent. In einem speziellen Spannungsfeld finden sich Frauen mit Migrationshintergrund, bei denen geringe oder in Österreich nicht anerkannte Qualifikation zusammen mit den rechtlichen Regelungen über Aufenthalt oder Arbeitsmarktzugang zu einer Vervielfachung der Wiedereinstiegshemmnisse führen.

Für Puhlmann (2006b, S. 29) zeigt sich bei der Betrachtung von Arbeitswelt und Arbeitsmarkt, dass Männer die „gewerblich-technischen und die IT-Berufe, Führungspositionen und Vollzeitarbeit" dominieren. Frauen stellen hingegen in „personenbezogenen Dienstleistungsberufen, untergeordneten Positionen und Teilzeitarbeit" die Mehrheit.

Sowohl junge Frauen wie auch junge Männer finden sich innerhalb der dualen Berufsausbildung, also einer Ausbildung, die zum Teil in einem Betrieb, zum Teil in einer Berufsschule absolviert wird, hauptsächlich in je zehn „typisch weiblichen" bzw. „typisch männlichen" Berufen wieder – bei insgesamt rund 360 anerkannten Ausbildungsberufen (vgl. Brüning 2002, S. 45, Schemme 2006, S. 14 f., Puhlmann 2006b, S. 29). Auch Schmidt und Spree (2005, S. 134) kommen in ihren Studien zu Gender und Lebenslauf in der New Economy zu der Feststellung, dass „der Technikbereich überwiegend bis ausschließlich von Männern besetzt ist".

2.2 Aufgabenteilung in Haushalt und Kinderbetreuung

Puhlmann (2006b, S. 29) zeigt auf, dass Frauen nicht nur in untergeordneten Positionen und bei der Teilzeitarbeit die Mehrheit stellen, sondern auch den größeren Teil der Familien- und Hausarbeit leisten. Der „eigentliche geschlechtsspezifische Unterschied" in der Weiterbildungsteilnahme liegt für Haidacher (2007, S. 53) in der zweifachen Orientierung von Frauen zum einen zum Beruf und zum anderen zur Familie hin. Auch Zeuner und Faulstich (2009, S. 128) konstatieren „besondere Belastungen", denen Frauen in ihren „häufig typischen Doppelrollen als Mütter/Betreuerinnen älterer Angehöriger und Berufstätige" ausgesetzt sind und die ihre Weiterbildungsmöglichkeiten einschränken.

Frauen sind sowohl beim Einstieg in eine Weiterbildung wie auch beim Berufseintritt von der Mitarbeit der Familienmitglieder abhängig. Kinder und Partner müssen – oft erstmals - in die Hausarbeit miteinbezogen werden. Es ist wiederum die Aufgabe der Frauen, die Familie zur Mitarbeit zu motivieren, was „vielfach auf erheblichen Widerstand der Familienmitglieder" (Schwarzmayer, 2001, S. 26 f.) stößt und von den Frauen einen großen Energieaufwand bei der Durchsetzung verlangt. Haushaltsarbeit von Männern findet in den beruflichen Anforderungen ihre Grenzen. Zwar übernehmen Männer, deren Partnerinnen berufstätig sind, mehr an Familienarbeit als die Partner von Hausfrauen, „doch steigt diese Mithilfe nicht proportional" (Kirschner, 1997, S. 53).

Die positive Einstellung des Partners zur neuen Betätigung der Partnerin und seine Mitarbeit im Haushalt sind aber für Wiedereinsteigerinnen von herausragender Bedeutung. Oftmals entsteht allerdings eine Diskrepanz zwischen der geäußerten Unterstützungswilligkeit der Partner und der praktischen Hilfe, wodurch ein Großteil der Hausarbeit von den Frauen zu bewältigen bleibt. Besonders bei Wiedereinsteigerinnen führt die Doppelbelastung aus Familien- und Erwerbstätigkeit oftmals zu „Überforderung und Frustration" (Schwarzmayer, 2001, S. 28), zumal ihnen auch der Raum und die Zeit zur Regeneration fehlen.

Schwarzmayer (2001, S. 24) formuliert:

> „Frauen, die Familie und Beruf vereinbaren wollen, sind mit gesellschaftlichen Bedingungen konfrontiert, die der Frau die alleinige Verantwortung für Haushalt, Kinderbetreuung und Pflege von Familienangehörigen überlassen. Die Mehrzahl der Frauen versucht diesen gesellschaftlichen Erwartungen und Anforderungen gerecht zu werden."

Die Notwendigkeit einer kontinuierlichen und auch in besonderen Situationen tragfähigen Kinderbetreuung stellt Frauen wie Kinder vor erhebliche Anforderungen bezüglich ihrer Organisationsfähigkeit und Disziplin. Schließzeiten von Kinderbetreuungseinrichtungen, Verspätung von Betreuungspersonen oder Krankheiten von Kindern stellen Mütter vor große organisatorische Probleme, die vor einer gewünschten Berufstätigkeit bzw. Weiterbildung jedoch gelöst werden müssen, weil nicht von einer Toleranz von Arbeitgebern gegenüber kinderbedingten Fehlzeiten ausgegangen werden kann (vgl. Schwarzmayer, 2001, S. 24 f.).

3 Weiterbildung nach der Familienphase

3.1 Gründe für die Weiterbildung

Die Entscheidung für oder gegen eine Teilnahme an Weiterbildungsmaßnahmen hängt von Faktoren auf verschiedenen Ebenen ab. Zuvorderst steht die Erwartung auf eine „Korrektur von Benachteiligungen im (Erstaus)Bildungssystem" (Krenn, 2010, S. 11). Brüning (2002, S. 23) unterscheidet zwischen subjektiven und soziodemografischen Faktoren auf der Mikroebene. Auf der Mesoebene sind die „finanziellen und inhaltlichen Rahmenbedingungen der Lernangebote, der Bildungseinrichtungen, der Förderprogramme und Projekte und der Supportstrukturen" von Bedeutung sowie – auf der Makroebene – die Struktur des Bildungssystems und die gesetzlichen Grundlagen für Weiterbildung.

Zu den subjektiven Faktoren sind Lerninteresse und Verwertungsinteresse ebenso zu zählen wie die Lernsozialisation, die Bildungsbiographie und die persönliche Einstellung zu Weiterbildung. Wenn bei der Weiterbildung auch grundsätzlich von Freiwilligkeit ausgegangen werden kann, so erzeugen doch Forderungen von Arbeitgebern oder einer staatlichen Institution (Arbeitsamt) einen gewissen Druck. Eine Nichtteilnahme kann negative berufliche oder finanzielle Folgen haben (vgl. Brüning, 2002, S. 24). Die Bedeutung des finanziellen Aspekts sieht auch Schwarzmayer (2001, S. 39) in zentraler Position.

Ein Verwertungsinteresse wird durch eine individuelle Kosten-Nutzen-Rechnung abgewogen. Die Überlegungen sind dahingehend, ob der Aufwand, der durch die Teilnahme an einer Weiterbildungsmaßnahme zu erwarten ist, durch bessere Berufsaussichten aufgewogen wird oder ob bei Verweigerung von Weiterbildung negative Konsequenzen zu erwarten sind. Die Studie von Wroblewski, Latcheva und Leitner (2009, S. 23) ergibt eine hohe Qualifizierungs- und Weiterbildungsbereitschaft auch bei gering qualifizierten Frauen, um bessere Chancen für einen erfolgreichen beruflichen Wiedereinstieg zu erhalten. Die Motivation ist allerdings stark abhängig von den persönlichen und institutionellen Rahmenbedingungen.

Als Gründe für den Wiedereinstieg in Lernprozesse und den späten Bildungserwerb zeigten sich in einer Erhebung von Kurth (2008, S. 173) eine Erstausbildung in einem Beruf, in dem die Frauen nicht mehr tätig sein wollen, eine abgebrochene Aus- oder Schulbildung, die frühere Verweigerung des Schulbesuchs, Migrationshintergrund und fehlende Anerkennung des in einem anderen Land erworbenen Abschlusses.

In ihrer Studie erhob Schwarzmayer (2001, S. 38) bei der überwiegenden Zahl der an Weiterbildungsmaßnahmen teilnehmenden Frauen als wichtiges „oder gar wichtigstes" Teilnahmemotiv inhaltliches Interesse. Die Wiedereinsteigerinnen erwarten durch die Teilnahme an Qualifizierungsmaßnahmen die Erweiterung ihrer Handlungskompetenz. Für Frauen, die vor einer beruflichen Neuorientierung stehen, ist die Abklärung von „undifferenzierten Berufsvorstellungen" ein herausragendes Teilnahmemotiv. Auch sind Frauen gegenwärtig mehr auf Berufstätigkeit als auf eine traditionelle Rolle als Hausfrau orientiert. Die weiblichen Vorstellungen richten sich nach den eigenen Wünschen und Wertesystemen und nicht mehr nach von Männern vorgegebenen Parametern (vgl. Budde, Venth, 2010, S. 133).

Lern- und Weiterbildungsinteresse werden durch Faktoren, die nicht in direktem Zusammenhang mit Weiterbildung stehen, zu einer Motivationsstruktur ergänzt. Dazu zählen laut Brüning (2002, S. 24) unter anderem soziale Akzeptanz, Kennenlernen von Menschen, Verbesserung von Beziehungen, Abwechslung im Alltag und zu anderen Pflichten.

3.2 Weiterbildungsbarrieren
3.2.1 Probleme beim Zugang zu Bildungsmaßnahmen

Nach Brüning (2002, S. 37) zählen Berufsrückkehrerinnen zu den Benachteiligten auf dem (Weiter-)Bildungssektor. Weitere Gruppen, die sich Benachteiligungen ausgesetzt sehen, sind unter anderem Alleinerziehende, An- und Ungelernte, Arbeitslose (hier besonders Langzeitarbeitslose), Sozialhilfe-EmpfängerInnen, AusländerInnen, Erwachsene mit Lernproblemen, Erwachsene unter 25 Jahren ohne abgeschlossene Schul- oder Berufsausbildung, Personen in ländlichen Regionen und Behinderte.

Da bei Wiedereinsteigerinnen durchaus mehrere Faktoren zutreffen können, ergeben sich Veränderungen in der Quantität der Benachteiligung. Für Wroblewski, Latcheva und Leitner (2009, S. 24 ff.) zählen eingeschränkter Zugang zu neuen Medien, schlechte Deutschkenntnisse und eine mangelnde Anerkennung oder Verwertbarkeit der im Heimatland absolvierten Ausbildung zu den Qualifikationsbarrieren für Wiedereinsteigerinnen.

Während besser ausgebildete Frauen Familienplanung mit Berufslaufbahn koppeln und beides rational planen, sehen gering qualifizierte Frauen diese beiden Lebensschienen separat. Entsprechend wird auch bei der Rückkehr zur Erwerbstätigkeit sowohl in Bezug auf den Zeitpunkt als auch auf die Organisation wenig geplant. Es besteht zwar der Wunsch nach Betätigung außer Haus wie auch der Bedarf an eigenem Einkommen und somit eine hohe Erwerbsorientierung, allerdings weniger verbunden mit „Selbstverwirklichungs- und Karriereambitionen" (Wroblewski, Latcheva, Leitner, 2009 S. 5).

Nicht zielführend ist es laut Grotlüschen (2006, S. 113 ff.), das Problem, dass negative Schulerfahrungen bildungsferne Gruppen von instutionalisierter Weiterbildung eher abhalten, mittels einer De-Institutionalisierung des Lernens - also einer Verlagerung des Lernens weg von Lernformen, die von Institutionen angeboten werden – lösen zu wollen, da eine solche Vorgangsweise die Selektivität von Bildungs- und Weiterbildungsmaßnahmen noch verstärkt. Non-Formelles Lernen, das absichtsvolle Lernen außerhalb von Bildungsinstitutionen, und informelles Lernen, das ebenfalls außerinstitutionell, aber beiläufig und nicht geplant geschieht, erreicht eher diejenigen, die ohnehin an Weiterbildung interessiert sind. Informelles Lernen und vor allem das selbstständige Lernen mit Hilfe von digitalen Medien hängen von der Vorbildung und vom Zugang zu Informationstechnologie ab und benachteiligen bildungsferne Gruppen oder schließen Einzelne sogar aus. (Grotlüschen, 2006, S. 113 ff.).

Schwarzmayer (2001, S. 41) erhob in ihrer Befragung von Frauen in Weiterbildungsmaßnahmen als am häufigsten genannte Teilnahmebarriere den Mangel an Information über Förderangebote, gefolgt von fehlender Kinderbetreuung, zu geringer finanzieller Unterstützung, zu langen Wartezeiten, Ablehnung durch den Partner und Terminprobleme. Auch Kapeller und Stiftinger (2010, S. 09-7) sehen die fehlende Finanzierung von Weiterbildungen als Teilnahmebarriere. Immer wieder können Frauen wegen der Kosten für Kinderbetreuung oder Anreise nicht an Bildungsveranstaltungen teilnehmen.

Prinzipielle Bedenken über die Sinnhaftigkeit von Weiterbildungsmaßnahmen für Arbeitslose oder von Arbeitslosigkeit bedrohte Menschen äußert Arnold „angesichts der Krise der Arbeitsgesellschaft" (Arnold, 2001, S. 244). Er kritisiert, dass Bildungsmaßnahmen für Erwachsene unter Umständen der „Zwischenlagerung" von Arbeitslosen dienen und das vorrangige Ziel haben, die Arbeitslosenstatistik zu entlasten. Die Erwachsenenbildung muss unter dem Druck, Werkzeug eines „staatlichen Krisenmanagements" zu sein, ihre Ansprüche bezüglich der Bildung zu Mündigkeit, Kritik- und Reflexionsfähigkeit hinanstellen und den Vorgaben von Arbeitsmarkt und Wirtschaft Vorrang einräumen (Arnold, 2001, S. 245).

3.2.2 Vereinbarkeit von Beruf, Weiterbildung und Familie

Wroblewski, Latcheva und Leitner (2009, S. 24 ff.) nennen als Hürden für eine Teilnahme an Weiterbildungveranstaltungen zeitliche Auslastung und Überforderung von Frauen, die mangelnde oder fehlende Unterstützung durch den Partner, die Tatsache, dass zu Hause möglicherweise keine geeigneten Lernbedingungen vorzufinden sind, ein traditionelles Rollenverständnis, mangelnde Unterstützung durch Arbeitgeber und Arbeitgeberinnen sowie das Fehlen von geeigneter Kinderbetreuung.

Zum gleichen Schluss gelangt auch Schwarzmayer (2001, S. 42): Nicht nur eine mangelnde Unterstützung durch den Partner kann Frauen von der Teilnahme an Weiterbildungsveranstaltungen abhalten, sondern auch eine negative Einstellung aus dem sozialen oder familiären Umfeld, besonders dann „wenn die Frage der Kinderbetreuung noch nicht ausreichend geklärt ist". Bei einer Teilnehmerinnenbefragung zur Evaluierung einer Weiterbildungsmaßnahme des Arbeitsmarkservice Österreichs (AMS) hatten 40 Prozent der Befragten ablehnende Ratschläge aus dem Bekanntenkreise erhalten.

Die eminente Bedeutung von Kinderbetreuung ist ebenfalls eine Erkenntnis von Haidacher (2007, S. 41 ff.) nach Betrachtung der erforderlichen Rahmenbedingungen für eine Beteiligung von Frauen an Weiterbildung. Sie bezeichnet Weiterbildungsmaßnahmen für Wiedereinsteigerinnen dann als optimal, wenn Kurse über einen längeren Zeitraum regelmäßig stattfinden und mit Kinderbetreuung gekoppelt sind. Sollten Veranstaltungen an Wochenenden stattfinden, muss die Kinderbetreuung miteinbezogen werden.

In einer Untersuchung von Schiersmann (1993, S. 176) zeigte sich, dass die befragten Frauen nicht Qualifikationsmängel als unüberwindbares Hindernis betrachten, sondern vielmehr die Vorurteile von Arbeitgebern gegenüber Frauen mit Betreuungspflichten. Es wird befürchtet, dass außergewöhnlich hohe Leistungen erbracht werden müssen, „um die gleiche berufliche Anerkennung wie männliche Beschäftigte zu erlangen".

3.2.3 Persönliche Barrieren

Auch persönliche Hürden können einer Weiterqualifizierung von Wiedereinsteigerinnen im Wege stehen. Wroblewski, Latcheva und Leitner (2009, S. 41 ff.) nennen hier schlechtes Gewissen bei einer Kleinkinderbetreuung außer Haus durch die stark internalisierte Mutterrolle. Die gleiche Schlussfolgerung ergibt sich auch aus den Untersuchungen Schwarzmayers (2001, S. 28 f.). Die Tatsache, nicht allen Ansprüchen in Arbeitswelt und Familie gerecht werden zu können, erzeugt schlechtes Gewissen gegenüber den Kindern; es mangelt an der Zeit für „intensive Freizeiterfahrungen" und die Beziehungspflege.

Die Unsicherheit, ob das neue Tätigkeitsfeld bewältigbar sein wird und man sich wird bewähren können, negative Lernerfahrungen, unsichere Verwertungschancen des Gelernten aus der Qualifizierungsmaßnahme, finanzielle Probleme und Informationsdefizite bezüglich rechtlicher Ansprüche, Förderungsmaßnahmen und finanzieller Unterstützung hindern Frauen ebenfalls an der Teilnahme an Bildungsmaßnahmen (vgl. Wroblewski, Latcheva, Leitner, 2001, S. 41 ff.). Unsicherheiten bezüglich der eigenen Fähigkeiten und einen Abbau des Selbstbewusstseins wegen der isolierenden Wirkung von und der geringen Anerkennung für Haus- und Familienarbeit konstatiert auch Schwarzmayer (2001, S. 28).

Kapeller und Stiftinger (2010, S. 09-7 f.) erhoben in ihrer Studie Versagensängste als Barrieren für eine Weiterbildung. Die lange Abwesenheit von formeller Bildung, zum Teil verstärkt durch frühere negative Lernerfahrungen erzeugen Ängste, in einem Kurs nicht mitkommen zu können. Vielschichtige Gründe wie das Fehlen geeigneter Lernangebote, mangelnde Perspektiven auf dem Arbeitsmarkt, negative Lernerfahrungen und die geschlechtsspezifische Arbeitsteilung tragen dazu bei, dass Frauen in einer Weiterbildung wenig Nutzen sehen.

Mangelnde finanzielle Unterstützung wurde auch von den Frauen in der Studie Schwarzmayers (2001, S. 42) erwähnt. Ein größeres Hindernis für ein Engagement für die persönliche Weiterbildung ist allerdings das gering ausgebildete „Autonomie- und Individualisierungspotential" der Frauen nach einer längeren Zeit der Zurücknahme und des Daseins für Andere. Zusammen mit der Scheu vor der neuen, unbekannten Situation und eventuellen negativen Lernerfahrungen aus der Vergangenheit stellt dieses eine ausgeprägte Hürde dar. Weiters zeigte sich in dieser Studie, dass auch das Alter der Frauen – sowohl in der subjektiven Wahrnehmung als auch vom Arbeitsmarkt suggeriert – eine hemmende Rolle für die Teilnahme an Weiterbildungen spielt.

Haidacher (2007, S. 50) sieht nicht nur in „äußeren" Bedingungen ein Hemmnis für die Weiterbildungsbeteiligung von Frauen, sondern auch in der Sorge der Frauen, dass Fremdbetreuung „schlecht für ihr Kind sei". Frauen geraten auch durch ihre eigenen Ansprüche, sowohl im Berufsleben wie auch in ihren Haushalts- und Familientätigkeiten allen Anforderungen gerecht zu werden, in eine Zwickmühle und bewegen sich in Richtung Überforderung und Selbstaufgabe (vgl. Schwarzmayer, 2001, S. 27). „Organisatorische Widrigkeiten in der Abstimmung von Arbeits- und Betreuungszeiten" (Kirschner, 1997, S. 55) erschweren oder verunmöglichen Frauen die Hinwendung zur Erwerbstätigkeit.

Berufliche Neuorientierung ist keine einmalige Entscheidung, sondern ein längerfristiger Prozess, in dessen Verlauf wiederholt die eigenen Pläne und Wünsche mit den vorgefundenen Bedingungen in Einklang gebracht werden müssen. Im Spannungsfeld zwischen realen oder vermuteten Anforderungen hinsichtlich des Familienlebens und des Arbeitsmarktes schieben Frauen ihre Wünsche nach einer Neuorientierung und Neuausbildung häufig auf und suchen nach „überschaubareren" Lösungen. (vgl. Schiersmann, 1993, S. 177).

Krenn ortet in den vergangenen 30 Jahren einen Veränderung der Bedeutung des Begriffes „gering qualifiziert". Geringe formale Bildung „ist zu einem sozialen Stigma geworden" (Krenn, 2010, S. 1). Den betroffenen Menschen werde in einer Defizitsichtweise begegnet mit der Annahme, dass „ihnen die entscheidenden, ja die grundlegenden Voraussetzungen für die Teilnahme an dieser 'Wissensgesellschaft' fehlen". Das mache besonders für diese Menschen die Forderung nach Lebenslangem Lernen am „eindringlichsten und zugleich drohendsten" (Krenn, 2010, S. 1).

4 Kompetenzentwicklung

4.1 Lernen für Wiedereinsteigerinnen
4.1.1 Lernmotivation

Für die einzelne Wiedereinsteigerin kann Weiterbildung diverse Funktionen erfüllen. Sie kann als Ersatz für eine Erwerbstätigkeit ebenso dienen wie als Vorbereitung oder Orientierung für eine spätere Tätigkeit im vor der Familienphase ausgeübten oder einem anderen Beruf. Auch der Wunsch nach einem Ausgleich persönlich empfundener Bildungsdefizite oder einem Wissenserwerb, die Weiterentwicklung der Persönlichkeit oder eine Neuorientierung können eine Rolle spielen.

Zentrales Moment für die Lernmotivation in der Weiterbildung für Wiedereinsteigerinnen ist die Selbstbestimmtheit. Nach Zeiten des Fremdbestimmtseins durch die Familienarbeit kann sich die Frau wieder auf eigene Wünsche und Bedürfnisse konzentrieren und für sich selbst lernen, um mehr Entscheidungsfreiheit über ihre weitere Berufslaufbahn zu erlangen. Für die Frauen ergibt sich eine Erweiterung und Entwicklung ihrer Handlungsmöglichkeiten und damit die Möglichkeit, die eigenen Lebensbedingungen zu gestalten (vgl. Faulstich, Zeuner, 2006, S. 31). So kann als intrinsische Motivation, also aus dem inneren Bedürfnis eine Lernaktivität in Angriff zu nehmen, der Wunsch nach mehr Entscheidungsfreiheit und Selbstbestimmungsmöglichkeiten bezeichnet werden. Extrinsisch motivierend, also aufgrund von Erwartungshaltungen an die Ergebnisse oder negativen Folgen von Nichtteilnahme an Bildungsmaßnahmen, können der Wunsch nach Verbesserung der Erwerbsmöglichkeiten bzw. die Gefahr von Unterstützungsverlust wirken (vgl. Möller, 2008, S. 264).

Wenn Wiedereinsteigerinnen vom AMS einer Weiterbildung zugewiesen werden, ist es notwendig, in der eigenen Anschauung der Frauen von einer Fremd- zu einer Selbstbestimmtheit zu gelangen, um den Lernprozess nicht durch Defensivität zu verzögern. Erst wenn das Individuum sich selbst als agierende und nicht reagierende Person betrachtet, können Weiterentwicklung und –bildung Fuß fassen. Weiterbildung kann einen sinngebenden Charakter haben und zur Bewältigung von Alltagssituationen beitragen (vgl. Felbinger, 2009, S. 198).

Haidacher (2007, S. 66 f.) misst vor allem der „Vielschichtigkeit der Weiterbildungsinteressen" Bedeutung bei, die zu einem „unbewussten Stufenplan" in der Fortbildung führen kann: zu Beginn wird eine allgemeine Weiterbildung zum

Ausgleichen von Bildungsdefiziten oder eine Neuorientierung vorgenommen, dann erfolgt eine berufsorientierte Weiterbildung oder eine Beschäftigung in einem neuen Arbeitsbereich, um aktuell für die die jeweilige Berufssparte relevante Qualifikationen zu erwerben, danach dann der Berufseinstieg.

Aus der Fachliteratur gehen als Gründe für einen Weiterbildungswunsch subjektive, berufliche, finanzielle und gesellschaftliche Motive hervor. Als subjektive Motive werden der Mangel an Anerkennung der Familienarbeit, der Wunsch nach gesellschaftlicher Teilhabe, die Isolation in der Hausfrauenrolle und die zeitweise Entlastung von Alltagspflichten genannt. Berufliche Motive sind der Wunsch nach Erweiterung der Kenntnisse und Fertigkeiten, die Suche nach einem neuen Betätigungsfeld oder der Wunsch, Allgemeinbildung nachzuholen und durch einen höheren Abschluss die Chancen auf dem Arbeitsmarkt zu verbessern. Im finanziellen Bereich wird der Wunsch nach sozialer Besserstellung, nach finanzieller Unabhängigkeit vom Partner, eine Scheidung oder der Tod des Partners genannt. Auf gesellschaftlicher Ebene kann auch ein Druck in Hinblick auf lebenslanges Lernen motivierend für die Teilnahme an Weiterbildungen sein.

4.1.2 Selbstbestimmung und Selbstvertrauen als Voraussetzungen für das Lernen

Selbstbestimmung ist ein ausschlaggebendes Element der Erwachsenenbildung. Fremdbestimmte Lernbedingungen erzeugen Widerstände und führen in die Defensive (vgl. Faulstich, Zeuner, 2006, S. 30 ff.). Auch Meueler (2010, S. 975) bezeichnet das Interesse und die Selbsttätigkeit des Subjeks als essenziell für gelingende Erwachsenenbildung. Selbstbestimmtheit entsteht aus der Kontrolle über Ziele, Programme, Thematik und Methodik. Die Lernenden sind die handelnden Personen, die sich Wissen aneignen. Zentrales Moment der Weiterbildung ist, wie und inwieweit persönliche Entwicklung in einer Grenzen setzenden Realität umgesetzt werden können. Auch wenn Weiterbildung nicht aus eigenem Antrieb erfolgt, sondern weil die Lebensumstände dazu zwingen, ist das Lernen selbst „ureigenste Sache der Subjekte" (Meueler, 2010, S. 975).

Felbinger (2009, S. 164) formuliert: „Je umfassender die Entscheidungsmöglichkeiten der Lernenden über ihre Zielperspektiven und Handlungsräume sind, desto größer ist der Grad an Selbstbestimmung." Gerade den Blick auf die Möglichkeiten der Selbstbestimmung zu richten, kann die Frauen auf das Potenzial von Weiterbildung zur persönlichen Weiterentwicklung hinweisen (vgl. Felbinger, 2009, S. 200).

Ziel für die Wiedereinsteigerinnen – mehr noch als für andere erwachsene Lernende – ist in der Persönlichkeitsentwicklung die Mündigkeit, in der Erwerbswelt die (Wieder-)Herstellung von Arbeitsfähigkeit. Es gilt, die getrennten Bezugswelten Persönlichkeit, Arbeitswelt und soziales Umfeld im Individuum zusammenzuführen und den Widerspruch zwischen Persönlichkeitsentfaltung durch Bildung und der Funktionalität der Bildung in Bezug zu einer in Aussicht genommenen Erwerbstätigkeit zu mindern (vgl. Faulstich, Zeuner, 2006, S. 35).

Klein und Ahlke weisen darauf hin, dass besonders bei der Weiterbildung für Benachteiligte oder bildungsferne Gruppen eine besondere Auffassung von Kompetenzorientierung vonnöten ist. Eine (Aus-)Bildung ausschließlich hinsichtlich einer Verwertbarkeit am Arbeitsmarkt betont die Defizitsichtweise auf diese Gruppe. Zuerst geht es mehr um die Stärkung des Selbstbewusstseins der Menschen. Das kann unter anderem durch eine Bewusstmachung von im Laufe des Lebens erworbenen Fähigkeiten und Fertigkeiten geschehen (vgl. Klein, Ahlke, 2009, S. 250). Für einen gelingenden Lernprozess sind demnach folgende Voraussetzungen zu erfüllen:

- hohe Identifikation mit dem Lerngeschehen
- Erfahrung von selbstorganisiertem Lernen als Wendepunkt in der Lernbiographie
- Veränderung der Selbstbilder der Lernenden über wertschätzende, kompetenzorientierte Grundhaltung pädagogisch Tätiger
- Respektieren des Status als Erwachsener
- Selbstbestimmtheit in der Ausgestaltung des eigenen Lernens, Mitbestimmung beim sozialen *setting* und dem Lernarrangement
- Verantwortungsteilung für Bildungserfolg
- Lernen als sozialer Prozess und im sozialen Kontext (vgl. Klein, Ahlke, 2009, S. 255 f.).

Die Bedeutung vorangegangener Lernerfahrungen wird mit zunehmendem Alter größer (vgl. Gruber, Harteis, 2008, S. 214). Die Lernmotivation wird durch die Bewertung vorangegangener Lern- und Leistungsergebnisse beeinflusst. Besonders „negative und unerwartete Ereignisse" lösen eine Suche nach den Ursachen aus (Möller, 2008, S. 271). Bei der Erwachsenenbildung für Arbeitslose – und dazu zählen die Teilnehmerinnen von Berufsorientierungskursen - kommt laut Arnold der Identitätsförderung eine zentrale Bedeutung zu. Arbeitslose hatten häufig

„rigide und entmotivierende Sozialisationserfahrungen in Familie, Schule und Beruf [...], die ihre Weiterbildungs- und Vermittlungschancen stark beeinträchtigen (Arnold, 2001, S. 247). Integrationsfördernde Weiterbildung für Arbeitslose hat nach Arnold zuerst „Identitätsstabilisierungshilfe" zu leisten, um die Teilnehmer für eine Weiterqualifizierung „zu stabilisieren und zu motivieren" (Arnold, 2001, S. 248).

Wesentlicher Faktor für Lernerfolge ist die eigene Einschätzung der persönlichen Fähigkeiten, die Anforderungen einer Situation bewältigen zu können. Seel unterscheidet dabei zwischen erfolgs- und misserfolgsorientierten Menschen. Erfolgsorientierte Menschen stellen in Leistungssituationen an sich selbst eher realistische Ansprüche, Misserfolgsorientierte setzen sich zu hohe oder zu niedrige Ziele. Erfolge werden von misserfolgsorientierten Menschen eher äußeren Bedingungen wie Zufall oder Aufgabenschwierigkeit, Misserfolge werden inneren, stabilen Faktoren wie mangelnden Fähigkeiten zugeschrieben, während erfolgsorientierte Menschen Misserfolge eher auf variable Faktoren wie mangelnde Anstrengung zurückführen. Für Misserfolgsorientierte ergibt sich aufgrund von Rückmeldungen aus dem Umfeld ein stetiger Kreislauf (Abb. 1) (vgl. Seel, 2003, S. 102 ff.). Erfolgsorientierte Menschen neigen nach der Selbstwerttheorie eher zu selbstwertdienlichen Kausalattribuierungen, also Ursachenzuschreibungen. Erfolge werden der eigenen Person, Misserfolge den Umständen zugeschrieben (Mietzel, 2003, S. 337 f.).

Durch diese selbstwertdienlichen Tendenzen soll „auf die emotionalen Folgen eines positiven oder negativen Ereignisses eingewirkt werden" (Mietzel, 2003, S. 338). Abgesehen von attributionsunabhängigen Emotionen, wie Freude bei Erfolg oder Traurigkeit bei Misserfolg entstehen auch attributionsabhängige Emotionen, die davon bestimmt werden, ob Erfolg oder Misserfolg in inneren oder äußeren Ursachen begründet wird. So tritt das Gefühl von Stolz nur dann auf, wenn der Erfolg mit der eigenen guten Leistung begründet wird, ebenso wie das Gefühl der Beschämung bei Misserfolgen nur dann auftritt, wenn das Versagen nicht auf äußere Ursachen zurückgeführt werden kann.

Bei einer Häufung von Misserfolgen und der Ursachenzuschreibung an stabile Faktoren wie dem eigenen Unvermögen entstehen Emotionen wie Hoffnungslosigkeit und Resignation. Aus dem Gefühl des Nicht-Könnens und der Überzeugung, dass auch zukünftige Anstrengungen zu keinem befriedigenden Ergebnis führen werden, resultiert der Zustand der Erlernten Hilflosigkeit (vgl. Mietzel, 2003, S. 338 f., oder auch Seel, 2003, S. 90 f.). Im Zustand der Erlernten Hilflosigkeit fehlt den Menschen das Vertrauen in die Fähigkeit, selbst über Erfolg oder Misserfolg bestimmen zu können. Aus dieser Hilflosigkeit entstehen emotionale Probleme wie z. B. Niedergeschlagenheit. In einer solchen als hoffnungslos erlebten Situation können Menschen auch nicht mehr motiviert werde, Anstrengungen zu einer Änderung zu unternehmen. Die Wahrnehmung wird ausschließlich auf Misserfolge gerichtet, Erfolge werden gar nicht mehr wahrgenommen (vgl. Mietzel, 2003, S. 340).

Mietzel spricht sich zur Überwindung von Erlernter Hilflosigkeit dagegen aus, Lernende vor jeglichem Misserfolg zu bewahren. Es geht darum, dass der Mensch die Überzeugung zurück erhält, selbst die Kontrolle über Erfolge oder Misserfolge zu haben, um dazu zu motivieren, das eigene Schicksal selbst zu gestalten. Wichtig dabei ist, dass Misserfolge nicht mehr auf fehlende Fähigkeiten, sondern auf ungenügende Anstrengungen zurückgeführt werden, da Fähigkeiten eine unveränderliche Größe darstellen, Anstrengungen aber selbst beeinflusst werden können (Mietzel, 2003, S. 340 f.).

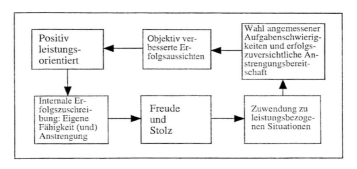

Positiver Leistungsmotivationskreis

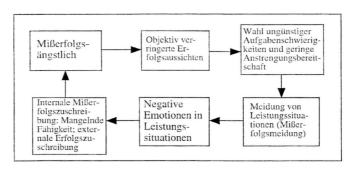

Mißerfolgsängstlicher Teufelskreis

Abb. 1: Positiver und negativer Leistungsmotivationskreis nach Seel (2003, S. 104)

Von Bedeutung für die Leistungsfähigkeit beim Lernen sind die Erwartungshaltung und motivationale Einstellungen. Um die „mentale Repräsentation der eigenen Person" (Möller, 2008, S. 272) zu beschreiben, wird der Begriff des Selbstkonzeptes verwendet. Gerade fachspezifische Selbstkonzepte, wie die Überzeugung, in einem bestimmten Wissensgebiet nicht gut zu sein, gelten als relativ stabil. Leistungsbezogene Selbstkonzepte sind stark von konkreten Rückmeldungen und den daraus erwachsenden Ursachenzuschreibungen abhängig. Selbstkonzept und Leistung sind miteinander verbunden und beeinflussen einander. Forschungen in Zusammenhang mit dem Self-Enhancement-Ansatz ergaben, dass ein höheres Selbstkonzept bezüglich der eigenen Kenntnisse und Fertigkeiten tatsächlich zu besseren Leistungen führt. Auch auf die Ausdauer und Anstrengungen beim Lernen hat das Selbstkonzept Auswirkungen. Eine hohe Erwartung an die persönliche Leistungsfähigkeit steigert diese (vgl. Möller, 2008, S. 272 ff.).

Wie Bandura unterscheidet auch Möller die Selbstwirksamkeit (self-efficacy) vom Selbstkonzept. Selbstwirksamkeit ist nach Bandura die Überzeugung eines Menschen, Kontrolle über das eigene Handeln und über das eigene Leben betreffende Ereignisse ausüben zu können. Selbstwirksamkeitserwartungen beeinflussen, „wie Menschen fühlen, denken, sich selbst motivieren und sich verhalten" (Bandura, 1993, S. 118). Sie stellen die Einschätzung eines Menschen dar, die in einer bestimmten Situation zur Erreichung eines bestimmten Zieles notwendigen Handlungen ausführen zu können. Auffassungen zur Selbstwirksamkeit sind mehr auf die jeweilige Aufgabensituation und das zur Bewältigung notwendige Engagement gerichtet als das Selbstkonzept, das eher vergangene Erfahrungen mit der eigenen Leistung und deren sozialen Vergleich widerspiegelt.

Studien von Satow bezüglich der Selbstwirksamkeit in Schulen zeigten eine Erhöhung der Selbstwirksamkeitserwartungen bei einem unterstützenden Schulklima und eine Verringerung der Prüfungsangst und Besorgtheit durch die erhöhte Selbstwirksamkeitserwartung (vgl. Möller, 2008, S. 277 f.). Weitet man diese Erkenntnisse auf institutionelle Erwachsenenbildung in schulähnlichen Arrangements aus, ist daher auf ein positives, unterstützendes Klima während der Bildungsmaßnahme zu achten, um durch eine Erhöhung der Selbstwirksamkeitserwartungen die Chancen zur erfolgreichen Bewältigung einer Weiterbildung zu erhöhen.

Angst und Ängstlichkeit haben einen deutlich feststellbaren Einfluss auf die Leistung. Der Ausdruck „Angst" bezieht sich dabei auf konkret erlebte als bedrohlich empfundene Situationen, „Ängstlichkeit" meint die psychische Disponiertheit mit Angst auf bedrohliche Situationen zu reagieren und ist nicht situationsgebunden und eher stabil. Angst und Ängstlichkeit bestehen sowohl aus einer emotionalen Komponente, der Aufgeregtheit, und einer kognitiven Komponente, der Besorgtheit. Angst und Ängstlichkeit haben einen großen Einfluss auf das Stresserleben. Unter Stress werden Anforderungen verstanden, die von außen an den Menschen herangetragen werden und als belastend oder sogar überfordernd empfunden werden. In einem Lernumfeld entsteht Stress aus zu bewältigender Lernarbeit und Zeitdruck (vgl. Seel, 2003, S. 99 ff.).

Für den Abbau von Stress ist das „Selbstkonzept von herausragender Rolle, insoweit es durch die Einschätzung der Selbstwirksamkeit und des Selbstwertgefühls indiziert werden kann" (Seel, 2003, S. 102). Stress kann sowohl „problemorientiert (z.B. durch eine Veränderung der Situation) oder emotionsorientiert (z.B. durch auf Erregungsabbau zielende Entspannungstechniken) bewältigt werden" (Seel, 2003, S. 101). Leistungs- oder Prüfungsängste können durch kognitive Auseinandersetzung mit der angstauslösenden Situation und durch die Entwicklung von für das Selbstkonzept förderlichen Bewältigungsstrategien reduziert werden (vgl. Seel, 2003, S. 111).

4.1.3 Anknüpfungspunkte der Weiterbildung

Nach Holzkamp (2004, S. 29) kommt „intentionales, d.h. absichtliches und geplantes Lernen" nur dann zu Stande, „wenn das Lernsubjekt selbst entsprechende Gründe dafür hat". Unter anderen Umständen kann es zu einem Lehr-Lern-Kurzschluss (vgl. Holzkamp, 2004, S. 31) kommen, womit die Annahme gemeint ist, Lehren würde automatisch zu Lernen führen. Die Grundlage für Lernen bilden vielmehr die Lebenserfahrungen und der biografische Hintergrund der einzelnen Individuen, das „zu Lernende [muss] mit den Lebensinteressen der Lernenden übereinstimmen" (Felbinger, 2009, S. 163 f.). Generell gilt für die Erwachsenenbildung, dass Neues in Anknüpfung an das Vorwissen der Lernenden vermittelt werden muss und „das Lerntempo sowie das Lehr-Lern-Arrangement insgesamt so weit wie möglich zu differenzieren und an die individuellen Lerngewohnheiten und –bedarfe anzupassen sind" (Schmidt, 2009, S. 671).

Ebenso wie Felbinger sieht Schmidt die „Notwendigkeit eines Bezuges zur Lebenswelt der Lernenden und ihren daraus abgeleiteten Bildungszielen" (Schmidt, 2009, S. 671). Als zentrale Anforderung an die Erwachsenenbildung nennt Schmidt die Betrachtung des individuellen Vorwissens nicht als „Störfaktor", sondern als wichtige Ressource, die als Ausgangspunkt und für den Bildungsprozess genutzt werden soll (vgl. Schmidt, 2009, S. 277). Meueler bezeichnet die Aneignung neuer Informationen dann als erfolgreich, wenn „das Subjekt die als neu erlebten Informationen, Wahrnehmungen, Eindrücke, Fertigkeiten in den Zusammenhang des schon vorhandenen eigenen Wissens und Könnens" eingliedern konnte (Meueler, 2010, S. 974).

Erwachsene befinden auch während eines Lernprozesses in verschiedenen Lebenszusammenhängen, nehmen Situationen unterschiedlich wahr und haben bereits eine (Lern-)Biografie. Negative Erfahrungen aus der Kindheit und Jugend erzeugen Lernmüdigkeit, Lernschwierigkeiten entstehen, wenn die Sinnhaftigkeit von Lernanstrengungen nicht vermittelt werden konnte (vgl. Faulstich, Zeuner, 2006, S. 37.) Das Lernen Erwachsener ist an seine Kontexte und Zielsetzungen gebunden. Sinn und Nutzen einer Weiterbildungsmaßnahme müssen für potenzielle TeilnehmerInnen ersichtlich sein und eine Verbesserung der beruflichen Situation versprechen (vgl. Krenn, 2010, S. 44).

Um niedrig qualifizierten Frauen eine erfolgreiche Qualifizierungsmaßnahme zu ermöglichen, sind günstige Rahmenbedingungen zu schaffen. So müssen zum Beispiel eventuelle negative Lernerfahrungen aufgearbeitet und Zeitmanagement erlernt bzw. „Zeitfenster" für Weiterbildung „sichtbar gemacht" werden (vgl. Wroblewski, Latcheva, Leitner, 2009, S. 59).

Wroblewski, Latcheva und Leitner (2009, S. 68) schlagen für eine erfolgreiche Weiterbildungsmaßnahme einen gleitenden Einstieg vor, indem mit einer geringen Stundenanzahl begonnen und erst nach und nach ausgeweitet wird, „und zwar so, dass die Weiterbildungszeit während der üblichen Kinderbetreuungszeiten erfolgen kann". Außerdem werden sowohl zeitlich wie auch räumlich „Lernräume" benötigt, damit die Nachbearbeitungszeit für Kursmaterial nicht zu Hause von Hausarbeit und Kinderbetreuung vereinnahmt wird.

4.2 Funktionen der Erwachsenenbildung

Prinzipiell erfüllt Erwachsenenbildung nach Siebert (2009, S. 55 ff.) fünf Funktionen:
- Qualifizierungsfunktion: Erwachsenenbildung ermöglicht, dass die Qualifikationen von Erwerbstätigen den beruflichen Anforderungen entsprechen.
- (Re-)Sozialisierungsfunktionen: Über die Schule hinaus zeigt die Gesellschaft einen Bedarf an Weitersozialisierungen, insbesondere für „Problemgruppen" wie z.B. Arbeitslose.
- Integrationsfunktionen: Erwachsenenbildung soll dem Auseinandergleiten von sozialen Gruppen entgegen wirken. Bei Angeboten für Arbeitslose wird die berufliche Qualifizierung vielfach der Sozialisation und Integration hintangestellt.
- Individualisierungsfunktion: Individualisierung kommt in Weiterbildungsangeboten in zwei entgegengesetzten Richtungen zum Tragen: einerseits fördert die Gesellschaft Individualisierung, um sich Problemen zu entledigen. So wird zum Beispiel Arbeitslosigkeit als individuelles Problem dargestellt, das aufgrund der Fülle von Fortbildungsangeboten von den Einzelnen zu lösen ist. Andererseits wirkt Erwachsenenbildung den Individualisierungstendenzen entgegen, indem in Kursen mit Gleichgesinnten in ähnlichen Lebenssituationen Kontakt aufgenommen werden kann.
- Demokratisierungsfunktion: Die Gesellschaft hat ein Interesse daran, dass das System durch die Gewährleistung demokratischer Partizipationschancen aufrechterhalten wird. Mitbestimmungsinteresse und -möglichkeiten leiten Kritik in demokratische Kanäle und verhindern unkontrollierte, unter Umständen gewalttätige Proteste.

Lernen ist immer auf ein Ergebnis hin ausgerichtet, „als Performanz, als Nachweis, über die angestrebten Kenntnisse oder Fähigkeiten auch *tatsächlich* zu verfügen" (Kaiser, 2011, S. 94). Teile der Unternehmung „Lernen" sind die Aspekte Lernvoraussetzungen, Lernprozess und Evaluation. Lernvoraussetzungen sind dabei auf der Ebene des Individuums zu finden als die Bedingungen, die prägend für den Lernprozess einzelner Menschen sind. Dazu zählen die subjektive Theorie über das Lernen, die eigenen Motive und der Zielbezug. Während des Lernprozesses kommen Lernstrategien zum Tragen und auch die Kontrolle darüber, inwieweit die jeweils angewandte Strategie zielführend ist, außerdem spielen auch Emotionen eine Rolle. Am Ende der Anstrengungen steht dann ein überprüfbares Ergebnis (vgl. Kaiser, 2011, S. 94).

Reischmann (2011, S. 115 ff.) beschäftigt sich mit den verschiedenen Formen des Lernens Erwachsener und gliedert in zehn Formen, die er in vier Gruppen unterteilt.

Zuerst nennt Reischmann das Lernen in Institutionen in traditioneller oder nicht traditioneller Form und unterscheidet dabei vier Lernformen:

Lernform 1 - fremdorganisiertes, institutionalisiertes, geschlossenes Lernen: Der Lerner muss zur Institution gehen und dort ein vorgelegtes Curriculum absolvieren (traditionelles Präsenzlernen an Bildungseinrichtungen). Miteinbezogen können auch Fahrschulen, Tanzschulen und Musikschulen werden.

Lernform 2 – fremdorganisiertes, institutionalisiertes, zugangsoffenes Lernen: Das Lernangebot kommt zum Lerner; dieser kann vor allem über Ort, Abfolge und Zeit, weniger über Inhalte entscheiden, z.B. Fernunterricht/Fernstudium, „Universities Without Walls". Lernorte können hier auch Bibliotheken, Seminarräume oder Privathäuser sein, die sich die Lernenden allerdings nicht selbst erschließen, sondern die ihnen genannt werden.

Lernform 3 – fremdorganisiertes, institutionalisiertes, inhaltsoffenes Lernen: Die Lernenden können auch über Inhalte bzw. deren Auswahl und Verteilung bestimmen (z.B. beim Schreiben von Abschlussarbeiten, bei denen das Thema frei gewählt werden kann und nur formale Richtlinien eingehalten werden müssen). Teilweise können auch für Lernform 2 genannte Angebote entsprechen, wenn die Lernenden selbst über das Maß des zu Lernenden entscheiden kann. Zertifikate sind eher bei Lernform 1 und 2 vorgesehen, bei Lernform 3 meist nicht.

Lernform 4 – vorhandenes Lernen und Können wird zertifiziert: Während die bisher genannten Lernformen sich mit dem Lernprozess an sich beschäftigt haben, wird hier angenommen, dass Wissen und Fertigkeiten bereits vorhanden sind und bei einer Prüfung bewiesen werden können.

Als zweite Gruppe nennt Reischmann das selbstgesteuerte, intendierte und mehr oder weniger unterstützte Lernen und konkretisiert dabei unter Lernform 5 – intentional-autodidaktisches, selbstgesteuertes Lernen: Lerner nutzen verschiedenste Ressourcen mit der Absicht, bestimmtes Wissen oder bestimmte Fertigkeiten zu erwerben. Dies kann zum Teil informell, zum Teil durchaus auch in institutionalisiertem Rahmen geschehen und zwar so lange, bis die oder der Einzelne mit dem erworbenen Wissenszuwachs zufrieden ist.

Die dritte Gruppe nennt Reischmann „Lernen en passant" als „teil- oder nicht-intentionales Lernen" und meint damit Wissen, „das man 'nebenbei mitnimmt'", wobei die Absicht, etwas zu Lernen, eine Rolle spielen kann aber nicht muss.

Lernform 6 – teil-intentionales Lernen in intendierten Aktivitäten: gemeint sind damit Handlungen, die zwar nicht wegen des Lernens ausgeführt werden aber Lernen beinhalten. Der Wissenszuwachs ist nicht handlungsbegründend.

Lernform 7 – nicht-intentionales Lernen in nicht intendierten Ereignissen: Damit ist das Lernen aufgrund äußerer Ereignisse gemeint, die weder geplant noch erwartet waren und die Lernenden dazu führen, Altes in Frage zu stellen.

Lernform 8 – nicht-intentional-verborgenes Mosaikstein-Lernen: Jeder Mensch hat Fähigkeiten oder Fertigkeiten, über deren Lernprozess oder -zeitpunkt Unklarheit herrscht.

Als vierte Gruppe nennt Reischmann „komplexe Lernformen". Im Unterschied zu den bisher erwähnten Formen steht hier das komplexe Zusammenspiel verschiedener Arten von Wissenserweiterung im Blickfeld. Zur Bewältigung von in Aussicht genommenen Lernaufgaben werden verschiedenste Möglichkeiten gemischt, um das Lernziel zu erreichen.

Lernform 9 – kompositionelles Lernen: Reischmann meint damit das „aktive Zusammen'komponieren' unterschiedlicher Lernformen auf dem Weg zu einem Lernergebnis". Es existiert ein Lernziel, das durch die Nutzung unterschiedlicher Quellen, teilweise intendiert, teilweise nicht-intentional, erreicht und das Projekt damit abgeschossen wird.

Lernform 10 – Lernen als „offenes Projekt": Lernen um des Lernens Willen, als ein Projekt, das nicht intendiert und nicht gesteuert und erst in der Rückschau bewertet werden kann (vgl. Reischmann, 2011, S. 115 ff.).

4.3 Für Wiedereinsteigerinnen nutzbare Ansätze der Erwachsenenbildung
4.3.1 Konzept des Lebenslangen Lernens

Der Begriff „Lebenslanges Lernen" meint nicht nur ganz allgemein alles Lernen im Laufe eines Lebens, sondern im Besonderen die Bedeutung des Lernens zur „Bewältigung gesellschaftlicher Probleme", das Lernen „in seiner Funktion für die Gesellschaft oder gesellschaftlicher Teilsysteme" (Hof, 2009, S. 16). Gemeint ist Lernen über die gesamte Lebensspanne – institutionell, non-formal und informell. Zum einen wird in der Fachliteratur die Notwendigkeit des Lebenslangen Lernens mit der Beschleunigung der Wissensproduktion und dem Ausbau von Informations-

und Kommunikationstechniken in modernen Gesellschaften begründet, zum anderen mit der durch die vielfältige Wissensproduktion bedingten Notwendigkeit, den individuellen und institutionellen Umgang mit dem Wissen zu schulen. Wissen wird zwar als die Grundlage von Handlungsfähigkeit bezeichnet, verändert sich aber kontinuierlich, wodurch eine ständige Erneuerung des eigenen Wissensstandes erforderlich wird (vgl. Hof, 2009, S. 25 f.).

Lebenslanges Lernen ist bereits zu einer „gesellschaftlichen Leitidee, zu einer kulturellen Grundorientierung avanciert, die für die Individuen einen mehr oder weniger verpflichtenden Charakter hat" (Kade, Seitter, 1996, S. 17). Die mit der zunehmenden Individualisierung gestiegene Entscheidungsfreiheit fordert von einzelnen Individuen die Fähigkeit zur Analyse von Lebenssituationen und die Bewältigung und Verknüpfung von Anforderungen verschiedener Lebensbereiche. Die reversible, immer wieder von Neuem beginnbare Biografie stellt für Kade und Seitter (1996, S. 17) jedoch nicht nur eine Bedingung, sondern auch eine Folge des Konzeptes des Lebenslangen Lernens und seiner Manifestationen in Form von Institutionen der Erwachsenenbildung dar. Die Notwendigkeit des Lebenslangen Lernens wird zwar auch mit sozialen und demokratiepolitischen Aspekten begründet, in erster Linie aber aus einem insgesamten Ansteigen von Qualifikationsanforderungen der Arbeitswelt und deren ständigen Wandel. In einer immer mehr flexibilisierten Arbeitswelt „müssen demnach auch die Erwerbstätigen bildungsmäßig flexibel bleiben, um den Ansprüchen gerecht zu werden" (Krenn, 2010, S 23).

Das Lernverständnis wurde „zeitlich, räumlich und inhaltlich entgrenzt" (Hof, 2009, S. 30). Somit zeigt sich Lebenslanges Lernen als Lernen, das sich auf die gesamte Lebenszeit bezieht und sowohl zeitlich nicht auf einzelne Lebensabschnitte wie auch räumlich nicht auf pädagogische Einrichtungen begrenzt ist. Außerdem bezieht sich Lebenslanges Lernen inhaltlich nicht auf einen bestimmten Bildungskanon oder eine Berufsausbildung, sondern beschreibt einen kontinuierlichen Prozess des institutionalisierten wie auch des informellen Lernens in allen Lebensbereichen.

Auch die UNESCO-Kommission macht in ihrem Bericht über die Bildung im 21. Jahrhundert den Schritt vom Lehren zum Lernen. Im Konzept für die institutionalisierte Erwachsenenbildung wird auf das Lernen als Wissenserwerb, Erweiterung des Handlungsspielraums der Verbesserung des Zusammenlebens verwiesen. Es geht also um die jeweils persönliche Leistung der eigenen Weiterbildung, somit nicht um Vermittlungsprozesse, sondern um subjektive Lernprozesse und die Verarbeitung von Lern- und Lebenserfahrungen. Auch der Auftrag an die Erwachsenenbildung, die Lernkompetenz zu fördern, betont die Eigenverantwortung und die Aneignungsperspektive (Deutsche UNESCO-Kommission, 1997, S. 73 ff.). Mit ihrer persönlichkeitsfördernden Potenz wird die Bildung als „Hauptantriebskraft für Entwicklung" betrachtet – nicht nur als Ressourcenentwicklung für den Arbeitsmarkt (Deutsche UNESCO-Kommission, 1997, S. 59).

Das Konzept der UNESCO „Bildung für das 21. Jahrhundert" beruht auf vier Säulen (vgl. Deutsche UNESCO-Kommission, 1997, S. 73 ff.):

1. „Lernen, Wissen zu erwerben": Reine Informationsaufnahme ist nicht ausreichend, das Wissen muss auch beherrscht werden. Nur so kann die Freude am Verstehen um am Entdecken entstehen. Voraussetzung dafür ist Lernfähigkeit und das Erlernen derselben – dies kann nur mithilfe von Konzentrationskraft, Erinnerungsvermögen und Denkfähigkeit geschehen.
2. „Lernen zu handeln": Um Wissen anzuwenden, muss das Gelernte in die Praxis umgesetzt werden können.
3. „Lernen zusammenzuleben" – Lernen mit Anderen zu leben: Bildung und Erziehung gleichermaßen müssen es Menschen ermöglichen, einerseits friedlich zusammen zu leben und andererseits durch das Verständnis und den Respekt für Andere ein friedvolles Gemeinschaftsleben zu vollziehen, sich für gemeinsame Ziele zu engagieren und ein Gefühl der Zusammengehörigkeit entstehen zu lassen.
4. „Lernen für das Leben": Das ist ein grundlegendes Prinzip von Bildung, das sehr unterschiedliche Aspekte umfasst. Körper und Geist, Intelligenz, Sensibilität, ästhetisches Empfinden, persönliche Verantwortung und geistige Werte sollten Grundlage von Bildung sein. „Jeder Mensch muss befähigt werden, eigenständiges, kritisches Denken zu entwickeln und zu einem eigenen Urteil zu gelangen, um für sich selbst zu bestimmen, was er oder sie in verschiedenen Lebensumständen tun sollte" (Deutsche UNESCO-Kommission, 1997, S. 81)

Der Mensch wird in diesem Konzept als in seiner ganzen Lebensspanne lern- und bildungsfähiges Wesen betrachtet. Ziel der Bildung ist eine ganzheitliche Entfaltung der Menschen und ein „erfolgreiches Arbeitsleben" (Deutsche UNESCO-Kommission, 1997, S. 82). Deutlich wird dabei auch, dass die Verantwortung für die gesellschaftliche Entwicklung einerseits und die persönliche Weiterentwicklung und -bildung andererseits bei der einzelnen Person liegt.

Die Europäische Kommission teilt durchaus die Ansicht der UNESCO bezüglich der Eigenverantwortung des einzelnen Individuums bezüglich der Bildung. In ihrem „Memorandum über Lebenslanges Lernen" sind Menschen Hauptakteure der Wissensgesellschaften und: „Was in erster Linie zählt ist die Fähigkeit der Menschen, Wissen zu produzieren und dieses Wissen effektiv zu nutzen, und dies unter sich ständig verändernden Rahmenbedingungen". Zu diesem Zweck müssen einzelne Personen „ihr Leben selbst in die Hand nehmen" und zwar durch „lebenslange Aus- und Weiterbildung", die „für alle der beste Weg [ist], um den Herausforderungen des Wandels zu begegnen (Europäische Kommission, 2000, S. 8). Bildung wird in diesem Memorandum als Schlüssel bezeichnet, „um zu lernen und zu begreifen", aber auch zur Erhaltung der Wettbewerbs- und Beschäftigungsfähigkeit sowie zur Anpassungsfähigkeit von ArbeitnehmerInnen (Europäische Kommission, 2000, S. 5 f.).

Berufsberatung und Berufsorientierung sollte laut Memorandum darauf abzielen, allen Menschen Zugang zu qualitativ hochstehenden Informationen und Beratungsstellen über Weiterbildungsmöglichkeiten zu gewährleisten. Begründet wird diese Forderung mit der zunehmenden Individualisierung von Berufskarrieren und mit dem Zunehmen von Übergängen und Wechseln (Europäische Kommission, 2000, S. 19ff.).

4.3.2 Biografietheoretische Ansätze

Biografieorientierte Ansätze in der Erwachsenenbildung betrachten die Biographie des Individuums als „Anknüpfungspunkt für lebenslange Lern- und Bildungsprozesse". Für Arnold stehen Lebenslauf und die Bildung Erwachsener in einem direkten Zusammenhang. Erst eingebettet in die eigene Biographie „gewinnt das Lernen Erwachsener seinen Sinn und seine subjektive Bedeutung (Arnold, 2001, S. 154). Im Mittelpunkt steht der einzelne Mensch und seine Möglichkeiten und nicht das abschluss- und anwendungsbezogene Wissen. Der Begriff „Biografie" betont dabei im Unterschied zum Begriff „Lebenslauf" mehr die „individuellen Gestaltungsmöglichkeiten innerhalb gesellschaftlicher Gegebenheiten" sowie die „subjektiven Erfahrungen, die sich im Laufe eines Lebens aufschichten und die Identität bestimmen" (Egloff, 2011, S. 155).

Für den Aufbau von Lernmaßnahmen ist nach Gruber und Harteis ausschlaggebend

- „in welchem kulturellen und ökonomischen Rahmen Lernen stattfinden kann,
- wie sich dieser kulturelle und ökonomische Rahmen ‚objektiv' ändert,
- wie sich dieser kulturelle und ökonomische Rahmen ‚subjektiv' im Verlauf des Lebens ändert,
- welche Merkmale Lernender sich über den Lebenslauf ändern bzw. konstant bleiben,
- wie der subjektive Faktor im Lernprozess gestaltet werden kann und
- wie individuelle Lernprozesse mit bildungstheoretischen Veränderungen in Einklang zu bringen sind" (Gruber, Harteis, 2008, S. 208).

Es werden die Fähigkeiten und Stärken von einzelnen Menschen in den Mittelpunkt der Erwachsenenbildung gestellt und der Blick nicht in erster Linie auf zu kompensierende Defizite gerichtet. Wie auch das Konzept des Lebenslangen Lernens gehen biografietheoretische Ansätze von einem sehr breiten Lernbegriff aus, der das Lernen mit den Lebenserfahrungen der Menschen verknüpft (Felden, 2006, S. 221).

Für Erwachsene ist es häufig notwendig, sich Fähigkeiten oder Fertigkeiten sowohl für den persönlichen als auch für den beruflichen Gebrauch selbst anzueignen und zu erschließen, um ihre Handlungsmöglichkeiten zu erweitern. Die Fähigkeit, diesen Teil einer Biografieentwicklung in kreativer wie konstruktiver Hinsicht zu bewältigen, wurde von Alheit „Biographizität" genannt, womit die Kompetenz gemeint ist, „moderne Wissensbestände an biographische Sinnressourcen anzuschließen" (Alheit, 1990, S. 66). Um aus dem vorhandenen Wissen und gegebenen Informationen jenes und jene auszuwählen, die der vorliegenden Situation angemessen sind, ist es unerlässlich, sich des eigenen Wissens bewusst zu sein, es sich also in Erinnerung rufen und reflektieren und es eventuell auch neu organisieren zu können.

Erwachsene stellen sich häufig dann einer Weiterbildung, wenn die momentane Lebenssituation mit den vorhandenen Fähigkeiten und Fertigkeiten nicht bewältigbar ist (vgl. Arnold, 2001, S. 155). Ziele der Biografiearbeit in Erwachsenenbildungskursen können daher auch die Selbstreflexion und Selbstvergewisserung sein und unter Umständen „Veränderungen in der Selbstkonzeption" (Egloff, 2011,

S. 159), um den Einzelnen bei der Bewältigung von Anpassungs- und Auseinandersetzungsleitungen durch krisenhafte Lebensentwicklungen zu unterstützen (vgl. Arnold, 2001, S. 155).

Besonders auch die Möglichkeit, durch Biografiearbeit formal und informell erworbene Kompetenzen herauszuheben macht diese Art von Didaktik für Berufsorientierungskurse hilfreich. Faulstich und Zeuner (2008, S. 172) sehen zweierlei Nutzen des Biografiekonzeptes für die Erwachsenenbildung: „Zum einen als Analyse des Stellenwerts von Bildung in biographischen Prozessen; zum anderen als Reflexion eigener oder fremder Biographie als Bildungsanstoß".

4.3.3 Konstruktivistische Ansätze

Im Laufe eines Lebens können unterschiedlichste Ereignisse Auslöser für Lernprozesse sein, kritische Lebensereignisse oder auch Herausforderungen wie ein neuer Arbeitsplatz oder die Geburt eines Kindes. Lernen ist für Siebert nicht nur eine Wissenserweiterung, sondern „die biografisch verankerte Konstruktion lebensdienlicher Wirklichkeiten" (Siebert, 2007, S. 13), die erfolgt, um die Vorstellungen einer Person mit den Gegebenheiten der Umwelt in Einklang zu bringen. Der Konstruktivismus bestätigt nach Siebert die „Biographizität" der Weiterbildung, indem die Art und Weise, wie Wirklichkeit von Einzelnen konstruiert wird, „im Laufe des Lebens entstanden" ist und sich mehr oder minder bewährt hat. Lernen bezieht sich auf wiederum vorangegangenes Lernen und auf vorangegangene Erfahrungen (Siebert, 2009, S. 39).

Lernen ist nicht nur Aufnahme neuen Wissens, sondern eine eigene, „konstruktive, selbst verarbeitende Tätigkeit", bei der „die eigenen Deutungen und Bedeutungen konzipiert werden". Wissen wird „nur in konkreten Situationen und aus den eigenen individuellen Erfahrungen heraus konstruiert". Somit entsteht eine Wechselwirkung zwischen Lehren und Lernen, „wobei Aneignung auf Vermittlung bezogen ist und dabei umgekehrt Vermittlung eine Art Initiierung oder Herstellung von Aneignung darstellt" (Felbinger, 2009, S. 161 f.).

In Zeiten der „Bastelbiografie" ereignet sich Lernen zwar immer noch auch aber nicht mehr ausschließlich in der Schule. Berufliche, praktische oder soziale Kompetenzen werden auf verschiedensten formellen und informellen Wegen erworben, an ,'ungewöhnlichen' Lernorten und zunehmend selbst organisiert" (Siebert, 2007, S. 45). Um in Phasen des Umbruchs bestehen zu können, ist nach

Siebert eine Selbstlernkompetenz erforderlich, die es dem Individuum ermöglicht, solche Anforderungen als Lernaufgaben zu betrachten und „zielgerichtet individuelle Lernwege" in Angriff zu nehmen.

Die Integration von vorhandenen Erfahrungen in neue Herausforderungen und die Erfahrung, eine schwierige Situation gemeistert zu haben, sind wichtige Ressourcen in einem Lernprozess. Dabei ist das zentrale Moment die eigene (Lern-)Leistung bei der Bewältigung von Herausforderungen. Aus konstruktivistischer Sicht ist Lernen kein automatischer Effekt von Lehre, sondern entsteht aus „der Bewältigung von Aufgaben und Herausforderungen" (Felbinger, 2009, S. 162).

Selbstlernkompetenz ist nach Siebert zum großen Teil „Vernetzungskompetenz, also die Fähigkeit, unterschiedliche Lernsituationen und Lernaktivitäten zu verbinden, in unübersichtlichen Lebenswelten Zusammenhänge zu erschließen". Daraus ergibt sich für Siebert, dass vernetztes Lernen eine „unverzichtbare Schlüsselkompetenz" (Siebert, 2007, S. 60 f.) darstellt, die von den gegebenen Voraussetzungen abhängt und Unterstützung benötigt. Dabei zählen zu den inneren Faktoren „z.B. Lernerfahrung, Lernmotivation, Lerndisziplin" und zu den äußeren „lernanregende soziale, berufliche, ökologische Umwelten" (Siebert, 2007, S. 49).

Erst aus der Vernetzung entsteht „sinnvolles Wissen". „Isoliertes Wissen" ist für Siebert üblicherweise träge und nicht zweckdienlich, weil Wissen lebenspraktisch sein und „erfolgreiches Handeln" ermöglichen soll (vgl. Siebert, 2007, S. 36). Im Lernen entstehen Beziehungen: zum Lerninhalt, unter den Lernenden, zu den Lehrenden; Neues wird entdeckt, „Eigen- und Fremdbilder werden zueinander in Beziehung gesetzt, werden diskutiert und reflektiert, werde vernetzt mit den eigenen Annahmen" (Felbinger, 2009, S. 156). Das Überschreiten von inneren Grenzen erweitert die Denk- und Handlungsmöglichkeiten, sodass die Teilnehmerinnen in die Lage versetzt werden, aktiv ihr Bildungsgeschehen zu beeinflussen und damit die Passivität von Ohnmacht, Unordnung und des Erleidens von Willkür verlassen in Richtung einer eigenständigen Erschließung von Wissen.

Erwachsene kommen mit einer mehr oder minder großen Anzahl bereits gemachter Erfahrungen zur Weiterbildung; das betrifft auch die eigenen Lernerfahrungen, die ebenso wie jedes andere neue Wissen auf bereits vorhandenem Wissen aufgebaut und mit diesem verknüpft wird. Inhalte werden auf Anschlussfähigkeit an bereits Bekanntes untersucht. In diesem Sinne wird Lernen durch die Vernetzung von Bekanntem und Neuem nicht nur was Lehrinhalte, sondern auch die Einordnung in die eigene Entwicklung betrifft, zu vernetztem Lernen. Da es bei Weiterbildung auch darum geht, das Leben in seinen Zusammenhängen und miteinander verbundenen Bedeutungen verstehen, kann es für Weitereinsteigerinnen hilfreich sein, die Fähigkeit des vernetzten Lernens zu erwerben.

Die Theorie des situierten Lernens richtet ihr Augenmerk auf die Wirkungsweise von Lernumgebungen. Merkmal dieses Ansatzes ist die Auffassung, dass Lernen ein aktiver und konstruktiver Prozess ist, der sich auf die Teilhabe der Lernenden am dem in der Lerngruppe verbreiteten Wissen richtet. Selbstgesteuerte und kooperative Lernformen werden unterstützt. Das volle Potenzial von Lernumgebungen wird allerdings erst durch Instruktion ausgeschöpft, die in gemäßigt konstruktivistischen Ansätzen nicht ausgeschlossen wird. In der Zusammenwirkung von Instruktion und Konstruktion entsteht Wissen (vgl. Gerstenmaier, Mandl, 2010, S. 172 f.). Wie auch Krenn hervorhebt, ist das selbstgesteuerte Lernen „Sehr voraussetzungvoll", die dafür notwendigen Fähigkeiten können „verallgemeinert vorausgesetzt werden" (Krenn, 2010, S. 37).

In seinen Ausführungen über die Unterschiede im Lernen zwischen Frauen und Männern stellte Siebert fest, dass Frauen „überwiegend situiert" also „kontext- und verwendungsorientiert" bzw. „prozessorientiert" (Siebert, 2007, S. 65) lernen. Er formuliert die These, dass bei Frauen „vernetztes Denken stärker ausgeprägt" ist. Frauen vermögen es eher als Männer, „Zusammenhänge herzustellen, zwischen unterschiedlichen Positionen zu vermitteln" oder sich „in die Rolle anderer zu versetzen" (Siebert, 2007, S. 67). Männer denken eher „dualisierend", während bei Frauen eher „sytemisches, zirkuläres, vernetztes, inklusives (d.h. einbeziehendes) Denken" (Siebert, 2009, S. 50) überwiegt.

4.3.4 Kohärenzorientierte Lernkultur

Der Begriff „Lernkultur" verweist „auf Lernaktivitäten und Lernsettings in sozialen, lebensweltlichen Kontexten". Lernkulturen „sind institutionell und gesellschaftlich, werden aber von allen Beteiligten mit 'erzeugt'" (Siebert, 2009, S. 60). Als ein in der Weiterbildung für Wiedereinsteigerinnen nützliches Beispiel für eine solche Lernkultur wird hier die von Felbinger 2009 entworfene kohärenzorientierte Lernkultur einer näheren Betrachtung unterzogen.

Ausgehend vom Begriff der Kohärenz, wie ihn Aaron Antonovsky benannt hat, als Definition der Fähigkeit von Menschen, sich in ihrem Leben zurecht zu finden, bietet Felbinger einen „Modellentwurf einer kohärenzorientierten Lernkultur". In diesem Ansatz wird Kohärenz als Bildungsaufgabe dergestalt interpretiert, dass Menschen in die Lage versetzt werden sollen, „generalisierte Widerstandsressourcen" zu aktivieren, um sich „den Anforderungen und dem Stress nicht hilflos ausgeliefert zu fühlen, sondern eine Sicherheit und Welt-anschauung zu entwickeln, dass ihr Leben erklärbar, überschaubar und sinnvoll ist" (Felbinger, 2009, S. 151).

Nach Antonovsky sind die drei Komponenten des Kohärenzgefühls Verstehbarkeit, Bewältigbarkeit und Bedeutsamkeit.

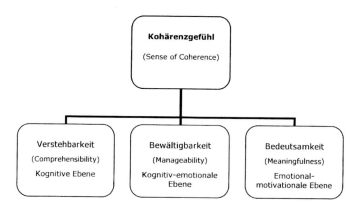

Abb. 2: Komponenten des Kohärenzgefühls nach Antonovsky

Felbinger überträgt die drei Komponenten des Kohärenzgefühls auf Lernprozesse. Die Komponente Verstehbarkeit zeigt sich für sie in der „Gestaltung von Möglichkeitsräumen" zwischen Vermittlung und Aneignung, in denen Erwachsene sich selbst entfalten und sich Wissen aneignen und „somit ihr individuelles Lebenskonzept weiter formen" (Felbinger, 2009, S. 167). Bewältigbarkeit meint die Einbeziehung des biografischen Werdens der Teilnehmerinnen. Unter Bedeutsamkeit ist die Herstellung von Sinn in der persönlichen Interpretation und in der gesellschaftlichen Einbettung zu verstehen.

4.3.4.1 Verstehbarkeit

Der kohärenzorientierte Ansatz betrachtet Lehren und Lernen nicht als einander ergänzende Teile, „sondern als Differenzsysteme, die eigentlich relativ lose miteinander in Beziehung stehen, gleichzeitig aber eng aufeinander verwiesen sind" (Felbinger, 2009, S. 162). Wenn Lernende selbst für die Aneignung von Wissen zuständig sind, verschieben sich die Verantwortungen für den Erfolg von institutionalisierter Weiterbildung. Lehren und Lernen gehören zu einem Bildungsgefüge, dessen einzelne Komponenten bedeutsam, aber erst in ihrem Zusammenspiel zu einer Lernkultur werden. Felbinger (2009, S. 163) möchte ihr Modell als „wirkungsvolles Zusammenspiel zwischen verantwortungsvoller, professioneller Lehrtätigkeit und der Eigenverantwortung im selbstgesteuerten Lernprozess und den darin wirkenden Deutungs- und Interpretationsmustern" verstanden wissen. Auf der Seite der Vermittlung steht das Bemühen um Bildungsinhalte, die an die Lebenswelt der Teilnehmer anschlussfähig sind, auf Teilnehmerseite die Bereitschaft zu einem Erkenntnisprozess.

Im Prozess der Weiterbildung ist es von Bedeutung, Lernende als „gleichberechtigte Personen" anzusehen und sich auf „die Selbstständigkeit und Selbststeuerungsfähigkeit in der Bedeutungsumgebung der Lernenden" zu konzentrieren (Felbinger, 2009, S. 164) und mit dieser Ausweitung der Lernkompetenz auf die Erweiterung von Selbstentfaltungs- und Beteiligungsmöglichkeiten hinzuarbeiten. Für Teilnehmerinnen von Berufsorientierungskursen bedeutet eine Einbindung in die Lernprozesse und die Mitbestimmung der Inhalte und Ziele mitunter eine Erweiterung ihrer Erfahrungen auch in Hinblick auf Lernaktivitäten. Eine Aktivierung bezüglich der Weiterbildung kann auch eine Aktivierung bezüglich des eigenen Werdeganges und neuer beruflicher Möglichkeiten nach sich ziehen.

Die Integration von Vermittlung von Fachwissen und der Befähigung zur Selbststeuerung bedeutet einerseits die Aufbereitung von Inhalten zur Aneignung, andererseits die Anregung zu Selbsttätigkeit. Durch entsprechende Lernumgebungen können Menschen unterstützt werden, innere Prozesse des Lernens und der Entwicklung in eigener Verantwortung zu gestalten, „Lernen im Sinne der Erweiterung von Kompetenzen und Subjektwerdung" ist allerdings erst möglich, „wenn die Person selbst aktiv an ihrer Gestaltung und personalen Entwicklung beteiligt ist" (Felbinger, 2009, S. 165).

4.3.4.2 Bewältigbarkeit

Das Gefühl der Bewältigbarkeit von Aufgaben und Herausforderungen entsteht durch Wahrnehmung und der Fähigkeit zur Nutzung „der zur Verfügung stehenden „persönlichkeitsbezogenen und der im Umfeld befindlichen Ressourcen" (Felbinger, 2009, S. 168), wodurch ein Mensch in die Lage versetzt wird, bestimmten Zumutungen zu widerstehen oder aber zur Bewältigung von schwierigen Situationen notwendige Schritte zu setzen. Durch die Erfahrung, Probleme allein oder mit Hilfe überwinden zu können, erwächst das Vertrauen, die Herausforderungen des Lebens meistern zu können. Erst aus diesem Vertrauen heraus ist es möglich, „Lebensentwürfe zu entwickeln, sich Ziele zu setzen und diese auch zu verwirklichen" (Felbinger, 2009, S. 168).

Wenn eine Person über das Gefühl der Bewältigbarkeit verfügt, wird sie sich nicht „Situationen gegenüber ausgeliefert verstehen" und „sich nicht passiv ihrem Schicksal hingeben, sondern sie wird mit Anforderungen und Situationen umgehen können" (Felbinger, 2009, S. 169). Hier ergibt sich wiederum ein Anknüpfungspunkt für Berufsorientierungskurse für Wiedereinsteigerinnen. Die Frauen stehen vor der Herausforderung, ihren Familienalltag mit einer wiederaufzunehmenden oder neuen Berufstätigkeit in Einklang zu bringen. Erst das Vertrauen, diese Herausforderung bewältigen zu können – das gewonnen werden kann, dadurch dass der Besuch des Kurses erfolgreich organisiert werden kann -, gibt die Möglichkeit, sich neuen Lernaufgaben zu stellen und zu widmen.

Um Aufgaben zu lösen, benötigen Menschen Ressourcen auf verschiedenen Ebenen. Die kohärenzorientierte Lernkultur beschäftigt sich daher mit einer Bildungsarbeit „an und mit den mitgebrachten Ressourcen" (Felbinger, 2009, S. 170) der TeilnehmerInnen. Dabei sollen Ressourcen in den Bereichen der kognitiv-psychischen, der sozialen und der gesellschaftlichen Ebene aktiviert werden.

Auf der kognitiv-psychischen Ebene entstehen die Ressourcen einer Person aus dem Vertrauen, Anforderungen erfolgreich bewältigen zu können. Aus der Reflexion der eigenen Biografie und der Herausforderungen, die bereits gemeistert wurden, entsteht das Wissen um die eigenen Potenziale, mit denen auch neue Krisen und Probleme bewältigen werden können. Erst dieses Vertrauen ermöglicht Menschen eine bewusste Lebensgestaltung, in Zuge derer Ziele gesetzt und Überlegungen angestellt werden, wie diese Ziele zu erreichen sein werden. Erst in Kenntnis der eigenen Möglichkeiten können diesen Potenzialen entsprechende

Wege gefunden und beschritten werden (vgl. Felbinger, 2009, S. 171). Es ist eine Annahme und daher ein Ansatz für weitere Forschungen, dass Wiedereinsteigerinnen ohne Berufsausbildung sich vor dem Besuch eines Berufsorientierungskurses kaum mit dem Gedanken einer bewussten und aktiven Lebensgestaltung befasst haben und damit persönliches Neuland betreten.

Die Bewältigbarkeit im Sozialen erläutert Felbinger (2009, S. 177 ff.) anhand dreier Faktoren: der Belastungsbalance im sozialen Lernraum, der Fähigkeit der Nutzung eines Teams als sozialer Ressource und der Betrachtung von sozialen Handlungen innerhalb einer Gruppe als wertvoll für die eigene Entwicklung. Die kohärenzorientierte Lernkultur sieht Lernen „immer als soziale Handlung" (Felbinger, 2009, S. 178). Im Finden einer Balance zwischen Über- und Unterforderung kann es sich dabei zum Beispiel um den Austausch über die individuellen Integrationsmöglichkeiten neuen Wissens handeln. Auf der Ebene des unmittelbaren sozialen Umfeldes ergänzen einander Lehrende und Lernende zu einem lösungsorientierten Team. Die Lernenden sollen unter Einsatz von lernförderlichen Mitteln und unter ebensolchen Umständen in die Lage versetzt werden, selbst „expansive Lernhandlungen zu vollziehen" (Felbinger, 2009, S. 179). Das spezielle Potenzial von Gruppen ergibt sich aus den Synergien der Potenziale der einzelnen Mitglieder, die die Möglichkeit bieten, zusammen zu einem besseren Ergebnis zu gelangen als einzeln und damit die Komponente der Bewältigbarkeit steigern.

Jeder Mensch befindet sich in einem Ressourcenaustausch mit seiner Umwelt. Einerseits stellen gesellschaftliche Systeme Ressourcen bereit, andererseits bringen Einzelne ihre Ressourcen für eine gesellschaftliche Entwicklung ein. Gerade im Mangel staatlicher Unterstützung vermag Felbinger (2009, 182 ff.) einen Anreiz für das einzelne Individuum erkennen, die eigenen Ressourcen im Hinblick auf eine Steigerung des Gemeinwohls zur Verfügung zu stellen und stetig auszuweiten. Um Gesellschaft als Ressource für das Individuum zu ermöglichen, ist die „Stärkung von Personen" (Felbinger, 2009, S. 184) notwendig, um diese in die Lage zu versetzen, ihre jeweiligen gesellschaftlichen Kontexte interpretieren und neu gestalten zu können.

4.3.4.3 Bedeutsamkeit

Die fortschreitende Individualisierung in der Gesellschaft erfordert von jedem einzelnen Menschen eine individuelle Suche nach „subjektiven Bedeutungen, individuellen Interpretationsweisen und kollektivem Sinn" (Felbinger, 2009, S. 187).

Der Mensch arbeitet „im Verlauf der lebens- und lerngeschichtlichen Entwicklung permanent an der Herstellung von Sinn" (Felbinger, 2009, S. 190). Felbinger kommt zu einem Schluss, der gerade für Wiedereinsteigerinnen in schwierigen Situationen von Belang ist:

> „In jeder Situation, in welcher die Erweiterung der Lebensmöglichkeiten zum Problem wird, besteht die Möglichkeit, entweder innerhalb der vorgegebenen Situation auf die Umstände zu reagieren oder aber eigene Entwicklungswege zu überschreiten und durch veränderte Sinnzuschreibungen sich den Bedeutungshorizont zu erweitern" (Felbinger, 2009, S. 190).

Die Suche nach der eigenen Identität erfordert Selbstreflexion, und die Suche nach dem lernenden Ich verlangt die Auseinandersetzung mit den Lernaufgaben der eigenen Lebenswelt, mit den individuellen Möglichkeiten und Problemlösungsstrategien. Reflexivität leistet einen Beitrag zum Verstehen der eigenen Bildungsbiografie und des eigenen Lernpotenzials (vgl. Felbinger, S. 190 ff.). Für Wiedereinsteigerinnen mit negativen Lernerfahrungen in der Vergangenheit kann eine reflexive Betrachtung des eigenen Bildungsweges zu einem neuen Blickwinkel auf eigene Ressourcen wie z.B. Problemlösungsstrategien führen, der erst eine neuerliche, außerschulische Auseinandersetzung mit dem Lernen ermöglicht. Abschließend hält Felbinger fest, dass eine kohärenzorientierte Lernkultur unter anderem „auf emanzipatorische Bildung abzielt", „an der biografischen Verfasstheit der Individuen ansetzt", „neue Muster von Lebenserfahrungen und Ressourcenorientierung ermöglicht" bzw. „Ressourcen zur Krisenbewältigung zur Verfügung" stellt und „Kompetenzentwicklungen in unterschiedlichsten Bereichen fördert" (Felbinger, 2009, S. 200 f.).

Verstehbarkeit	- Lernen als kognitive Aneignung von Wissen - Perspektivenverschränkung und vernetztes Lernen - Verstehen als Selbstständiger Wissensaufbau - Lernen als Aneignung von Selbst und Welt - Metakognitive Kompetenzen - Erwerb von Lernkompetenzen - Reflexion von Kognition und Emotionalität - Lernprozesse im Kontext biografischer Erfahrungen
Bewältigbarkeit	- Selbst- und Weltwahrnehmung durch Ressourcenaktivierung - Autonomiegewinn durch Selbstreflexion - Entwicklung von Bewältigungsstrategien - Situative Verarbeitungskompetenz - Bewältigung von speziellen Lebenssituationen - Biographizität als Schlüsselkompetenz - Soziale Netzwerke und kollektive Handlungsräume
Bedeutsamkeit	- Subjektive Aneignung von Sinn - Rekonstruktion von Deutungsmustern durch biografische Selbstreflexion - Lerntransfer vor dem Hintergrund der Sinnzuschreibung - Relevanz biografischer Erfahrungen - Ausbildung von Solidarität und Widerstandsfähigkeit - Sinnstiftung durch gesellschaftliche Partizipation

Tab. 1: Kohärenzorientierte Lernkultur im Überblick (Felbinger, 2009, S. 200)

4.4 Gendergerechte Erwachsenenbildung

In diesem Kapitel soll hauptsächlich darauf eingegangen werden, wie sich Erwachsenenbildung darstellen muss, um speziell für Frauen geeignet zu sein. Es handelt sich also nicht um theoretische Überlegungen für eine gendersensible Bildung, sondern um Bedingungen und Rücksichten, die in Bildungsmaßnahmen, die sich an Frauen richten, zu beachten sind. Da sich die in dieser Arbeit in den Focus genommenen Bildungsmaßnahmen ausschließlich an Frauen wenden, sind diese Gesichtspunkte einer Betrachtung zu unterziehen.

Die aus dem Englischen übernommenen Bezeichnungen „gender" und „sex" unterscheiden sich dahingehend, dass mit „gender" das sozial und kulturell bestimmte Geschlecht, mit „sex" das biologisch bestimmte Geschlecht bezeichnet wird. Hinter dieser Unterscheidung steht die Überzeugung, dass „Geschlecht zwar eine natürliche Grundlage hat, die dann aber in sozialen und kulturellen Praktiken individuell ausgestaltet wird" (Budde, Venth, 2010, S. 13).

Das Anbieten von Kursen für Arbeitslose, die sich ausschließlich an Frauen richten, eröffnet die Möglichkeit, speziell für Frauen verstehbare Lernangebote zu konzipieren. So verbinden Frauen eher Emotionalität und Kognition, erzählen mehr Biografisches und sprechen über Stimmungen und Gefühle (Siebert, 2007, S. 65). Forschungen haben gezeigt, dass sich Gruppendynamiken ändern, je nachdem, ob die Gruppe ausschließlich aus Frauen besteht oder ob auch Männer anwesend sind. „Frauen reden und verhalten sich anders, wenn sie 'unter sich' sind" (Siebert, 2007, S. 65).

Pravda (2006 S. 186 ff.) gibt zahlreiche Empfehlungen für ein gendergerechtes Lehren und Lernen in Angeboten, die sich besonders an Frauen richten. Als zentrale Bereiche werden Lehrinhalte und der Lernprozess bezeichnet. Ebenso nicht außer Acht gelassen werden dürfen organisatorische Rahmenbedingungen, das Verhalten der Lehrkraft, die Lehr- und Lernmaterialien sowie der Zugang zu technischen Medien.

Zu günstigen Rahmenbedingungen für Frauen zählen die Organisation der Bildungsmaßnahme unter Berücksichtigung von Familienpflichten und eine Betreuung abhängiger Personen. Lehrpersonen bedienen sich einer gendergerechten Sprache und fördern nicht nur das Erlernen von beruflichen Fähigkeiten, sondern auch das Selbstbewusstsein. Auch bei den Lehrmaterialien ist darauf zu achten, dass Frauen nicht benachteiligt werden.

In Bezug auf die Lehrinhalte weist Pravda darauf hin, dass sich das den Lehrveranstaltungen zugrunde gelegte Konzept von Wissen „vom traditionellen Wissens- und Wissenschaftsverständnis grundlegend" zu unterscheiden hat. Gemeint ist damit, dass Wissen nie vollkommen und daher in permanenter Entwicklung begriffen, relativ, also abhängig von Zeit, Gesellschaft und Umständen sowie nicht elitär ist, sodass alle Menschen aus ihrer Erfahrung Wissen gewinnen können. Von Männern produziertes Wissen sollte im Hinblick auf ein sich veränderndes

Geschlechterverhältnis überprüft werden. Weiters sollen Frauen während des Lernprozesses zu einer Eigendefinition anstelle einer Fremddefinition gelangen und speziell „weibliche" Eigenschaften auf- und nicht abgewertet werden.

Für den Lernprozess betont Pravda (2006, S. 186 ff.), dass die Arbeitsbelastung und Fristsetzung sich an den „vielfältigen und oft prioritären familiären Verpflichtungen von Frauen und deren begrenzte Zeit für formalisiertes Lernen" zu orientieren hat. Weiters bedeutend sind die Herstellung von kooperativen Strukturen anstelle von Hierarchie und Wettbewerb und das Befolgen demokratischer Prinzipien beim Lernen anstelle von hierarchischem Lehren. Angestrebt werden soll „gebundenes", verknüpftes und vor allem „verstandenes" und nicht separates Wissen durch Lernerinnenzentrierung, selbstgesteuertes Lernen oder auch Vermittlung von Vertrauen in bereits erworbene Fähigkeiten. Insgesamt sollen die Teilnehmerinnen lernen, „ihr Leben besser unter Kontrolle zu halten".

4.5 Kompetenzen aus der Familienphase

Soziale und personelle Kompetenzen sind zwar im Berufsleben zunehmend von Bedeutung, Männer scheinen sich diese Kompetenzen aber „nicht durch Familienarbeit, sondern in entsprechenden Weiterbildungsangeboten und häufig auch im Sport" zu erwerben. Die „berufliche Relevanz" der von Frauen im Familienleben erworbenen Kompetenzen wie Sozial- und Managementfähigkeiten oder die soziale Kompetenz sind hingegen „nicht genügend untermauert" (Brüning, 2002, S. 45).

Püttjer und Schnierda (2001, S. 103 f.) betonen die berufliche Verwertbarkeit von während der Familienphase erworbenen Kompetenzen. So erfordert der Umgang mit Kindern Lernbereitschaft und die Bewältigung verschiedenster Aufgaben Organisationstalent. Auch die Belastbarkeit und die Fähigkeit zu Stressbewältigung, Problemlösung und Zusammenführung unterschiedlicher Interessen sind im beruflichen Alltag verwertbare Kompetenzen.

Nach Arnold und Pätzold (2010, S. 653 ff.) führt eine gewisse Auflösung der stabilen Berufsbilder zu einer „Diffusität der Anforderungen", denen durch Weiterbildung zu begegnen ist. Weiterbildung wird hier nicht nicht im Sinne von Persönlichkeitsbildung verstanden, sondern im Sinne von Grundbildung. Doch auch Persönlichkeitsbildung kommt in der beruflichen Weiterbildung nach Meinung von

Arnold und Pätzold steigende Bedeutung zu. Der Focus richtet sich dabei auf übertragbare Kompetenzen und Qualifikationen.

Unter Grundbildung verstehen Arnold und Pätzold (2010, S. 662) „allgemeine, fachübergreifende Kompetenz, mit elementaren kulturellen Aneignungs- und Interaktionsformen selbstbestimmt und allgemeinverträglich umzugehen". Dazu gehört zwar das Erlernen von Kulturtechniken, aber auch die Fähigkeit, diese „in sozialen Zusammenhängen angemessen einzusetzen). Diese Forderung nach einem Agieren in sozialen Zusammenhängen kann für Wiedereinsteigerinnen Vorteile bringen, da sie nach einer Familienphase geschultere soziale Kompetenzen vorweisen können als andere Bewerber und Bewerberinnen.

5 Berufliche Weiterbildung für Wiedereinsteigerinnen

5.1 Berufsorientierung

In der Berufsorientierung für Wiedereinsteigerinnen stellt sich nun die Aufgabe, die Ziele von UNESCO und EU in die Lebensrealität der Teilnehmerinnen umzusetzen. Es ist davon auszugehen, dass es der Wunsch der Frauen ist, ihr Leben selbst zu gestalten, da sie an einer Orientierungsmaßnahme teilnehmen. Es ist darin unter anderem die Aufgabe der Frauen herauszufinden, inwieweit es möglich sein wird, den UNESCO-Auftrag nach ganzheitlicher Entfaltung mit den Maßgaben des Arbeitsmarktes und des Familienlebens zu vereinbaren. Eine Bescheinigung über einen absolvierten EDV-Kurs wird den Teilnehmerinnen unter den gegebenen Umständen – Arbeitslosigkeit, finanzielle Versorgung der Familie – sinnvoller erscheinen, als die Fähigkeit zum kritischen Denken.

Nicht der Wunsch nach persönlicher Entfaltung spornt Wiedereinsteigerinnen an, sondern die ganz konkrete Aussicht auf einen Arbeitsplatz, für dessen Erlangung möglicherweise noch bestimmte Zeugnisse oder Zertifikate zu erwerben sind. Der Erwachsenenbildung kommt dabei die Aufgabe zu, „Bildung mit Blick auf ihre Verwertbarkeit am Arbeitsmarkt" und die „Brauchbarkeit des Humankapitals durch Bildung" voranzutreiben (Felbinger, 2009, S. 44). Prinzipiell werden Arbeitslose in heutiger Zeit als Individuen verstanden, die einerseits lernbereit sind und andererseits in der Lage, Weiterbildungsangebote nach eigenen Wünschen zu wählen sowie sich neues Wissen anzueignen (vgl. Brödel, 2010, S. 913).

In ihrer Auswertung von verschiedenen Berufsorientierungskursen stellte Gschiel (1997, S. 30) Gemeinsamkeiten in der Aufteilung der Maßnahmen nach Phasen dar. Die Kurse waren prinzipiell unterteilt in eine „Phase der Reflexion auf Vergangenes" wie etwa bisher erworbener Fähigkeiten und der bisherigen Berufslaufbahn. Des weiteren folgte eine „Phase der Auseinandersetzung mit Wünschen, Bedürfnissen und Möglichkeiten". Darin enthalten waren die Bewusstmachung von Stärken und Schwächen, die Auseinandersetzung mit Wünschen, Sammlung von Informationen und die Entwicklung einer Vorstellung von einem möglichen Beruf und die Auseinandersetzung mit der Vereinbarkeit von Erwerbs- und Familientätigkeiten. Zuletzt nennt Gschiel die „Phase der Entscheidungsfindung", in der die konkrete Vorgangsweise und eventuell das Finden von Alternativen in den Fokus genommen wird.

5.2 Aufbau von Orientierungsmaßnahmen am Beispiel „Wiedereinstieg mit Zukunft"

Das Arbeitsmarktservice Österreich (AMS) beginnt für jede Wiedereinsteigerin das Training mit einem dreitägigen Kurs „Tipps und Tricks für den Wiedereinstieg", veranstaltet von einem Institut für berufsbezogene Weiterbildung. Diese Einstiegsphase ist für alle Frauen gedacht, die sich nach einer Familienphase beim AMS arbeitslos melden, also die nicht direkt auf den Arbeitsplatz zurück kehren können, den sie vor der Familienphase innehatten. In dieser kurzen Einstiegssequenz wird eine Bestandsaufnahme für jede einzelne Frau gemacht, ob sie bereits wieder in einen Beruf einsteigen kann oder noch Weiterbildungsmaßnahmen benötigt. Die erste Hürde, die einige Frauen dabei nehmen müssen, ist, dass manche Kinderbetreuungsstätten die Kinder von derzeit nicht berufstätigen Frauen nur am Vormittag betreuen, der Kurs aber bis in den Nachmittag hinein dauert.

In den Phasen „Loslassen zum Loslegen", „Selbstbewusst am Arbeitsplatz" und „Stressprävention" geht es für die Frauen um eine Standortbestimmung. Bevor mit einer Berufsorientierung oder einer Aus- oder Weiterbildung begonnen werden kann, wird abgeklärt, welche Art von Maßnahme für welche Frau sinnvoll sein kann. Die Bandbreite reicht dabei von einer Überarbeitung der Bewerbungsunterlagen über Deutsch- oder Computerkurse bis zur Aufnahme einer Berufsausbildung.

Das vom österreichischen AMS angebotene (und von einem Institut für berufliche Weiterbildung durchgeführte) zehnwöchige Programm „Wiedereinstieg mit Zukunft" soll Frauen in die Lage versetzen, aktiv einen Arbeitsplatz zu suchen und für sich selbst den Weiterbildungsbedarf zu klären. Es gliedert sich wie von Gliesch (1997, S. 30) ausgewertet ebenfalls in die drei Phasen Reflexion, Wünsche und Möglichkeiten sowie Entscheidungsfindung. Zusätzlich folgt die Kontaktaufnahme mit Firmen und ein Arbeitspraktikum.

Am Beginn steht nach einem Informationstag eine „Clearingphase". In diesen zwei Wochen soll die persönliche Situation erkannt werden. Notwendig für Frauen mit kleinen Kindern ist immer die Vereinbarkeit von Beruf und Familie, was in dieser Zeit einer dauerhaften Lösung zugeführt werden soll. Für die Zeitspanne des Kursbesuches gibt es die Möglichkeit, Kinderbetreuung in Anspruch zu nehmen. Außerdem stehen die Persönlichkeitsentwicklung, die Stärkung des Selbstvertrauens und das Erkennen und Erweitern von sozialen Kompetenzen auf dem Programm.

Erst danach startet die tatsächliche Berufsorientierung, in der der Berufswunsch konkretisiert und persönliche Lösungsansätze entwickelt werden sollen. Gefolgt wird dieses Modul von einer Basisqualifizierung in den Bereichen EDV, Deutsch, Handel, Verkauf und KundInnenberatung, Soziales, Erziehung und Bildung sowie Büro, Wirtschaft und Recht. Im Anschluss folgt die aktive Arbeitssuche mit einem Praktikum.

An Anfang dieser Berufsorientierungsmaßnahme steht also die Persönlichkeits- und Meinungsbildung. Die Frauen sollen ihre Stärken, Neigungen und dabei auch möglicherweise informell erworbene Qualifikationen erkennen lernen. Danach wendet sich „Wiedereinstieg mit Zukunft" dem Arbeitsmarkt zu. Einerseits dadurch dass den Frauen Grundqualifikationen nahe gebracht werden, die mutmaßlich am Arbeitsmarkt gut verwertbar sein werden, wie EDV-Kenntnisse oder eine Schulung für den Handel, andererseits durch die Suche nach Praktikums- und Arbeitsplätzen. Die konkrete Befassung mit dem Arbeitsmarkt bringt den Frauen wiederum die Rückmeldung, welche Qualifikationen eventuell noch zu erwerben sind, um bessere Aussichten auf einen Arbeitsplatz zu erhalten.

Bezogen auf die Lernformen nach Reischmann beschränkt sich diese Bildungsmaßnahme auf die Lernformen 1 und 3 (vgl. Reischmann, 2011, S. 115 ff.). Das Lernen ist institutionalisiert und fremdorganisiert. Durch die Intention, den Teilnehmerinnen die Möglichkeit zum Aufdecken von eigenen Fähigkeiten und Wünschen zu geben und eine geeignete Form zu finden, diese „arbeitsmarkttauglich" zu gestalten und zu verwerten, ist die Bildungsmaßnahme „inhaltsoffen". Während der Zeitspanne, in der den Frauen Grundkenntnisse in Büroorganisation, EDV oder für den Handel vermittelt werden sollen, ist die Maßnahme nicht nur organisatorisch, sondern auch inhaltlich geschlossen.

Mit dieser zweigeteilten Hinwendung zum Einen zu den Wünschen und Bedürfnissen der Teilnehmerinnen in der ersten Kursphase und zum Anderen zur Arbeitsmarktverwertbarkeit ergibt sich während der Bildungsmaßnahme eine Gratwanderung zwischen Personen- und Arbeitsmarktzentrierung. Gänzlich abwesend ist die Beschäftigung mit dem Thema „Lernen" an sich. Trotzdem davon ausgegangen wird, dass die Frauen auch eine Weiterbildung in Erwägung ziehen bzw. im Anschluss beginnen, finden Zugänge zum Lernen oder Lerntechniken keine Erwähnung. Das ist insbesondere bemerkenswert, als es sich um einen Kurs für arbeitslose Frauen handelt, die keine Berufsausbildung haben oder in ihrem erlernten Beruf nicht arbeiten können oder wollen und die sich somit einer Neuorientierung stellen, die voraussichtlich mit dem Erwerb von neuem Wissen und neuen Fertigkeiten verbunden sein wird.

6 Fazit

Frauen ohne abgeschlossene Berufsausbildung sehen sich mit instabilen Berufslaufbahnen und geringen Einkommen konfrontiert. Viele von ihnen befinden sich in Teilzeitarbeitsverhältnissen, was sich auch aus der Tatsache begründet, dass Frauen nach wie vor den größeren Teil der Familien- und Hausarbeit leisten. Die Organisation der Kinderbetreuung und die Motivation der anderen Familienmitglieder zur Mitarbeit im Haushalt obliegen weitgehend ebenfalls den Frauen. Daraus folgt, dass sich Wiedereinsteigerinnen nicht ganz und gar ihrer Weiterbildung widmen können, weil sie sie immer doppelt orientieren müssen: einerseits hin zur Berufstätigkeit, andererseits zur Familie.

Dennoch zeigte sich in Studien (z.B. Leitner, 2009, S. 23) eine hohe Weiterbildungsbereitschaft. Zum Einen wünschen die Frauen eine zusätzliche Ausbildung, um Defizite aus der Erstausbildung zu korrigieren, andererseits zur Erweiterung der eigenen Handlungskompetenz. Weiterbildung wird auch in der Hoffnung auf eine berufliche und finanzielle Besserstellung betrieben.

Hinderlich für eine Teilnahme an Weiterbildungsmaßnahmen wirkt sich für Frauen vor allen Dingen eine ungeklärte Kindertreuungssituation aus. Dazu kommt bei gering qualifizierten Frauen eine gewisse Ungeplantheit in Bezug auf die Rückkehr zur Erwerbstätigkeit (vgl. Wroblewski, Latcheva, Leitner, 2009, S. 5); fehlende Informationen und mangelnde finanzielle Unterstützung halten Frauen ebenfalls von Weiterbildung ab. In persönlicher Hinsicht leiden gering qualifizierte Frauen unter den negativen Lernerfahrungen der Erstausbildung und dadurch auch unter Versagensängsten – auch durch den Abbau des Selbstbewusstseins wegen der isolierenden Wirkung von und der geringen Anerkennung für Haus- und Familienarbeit (vgl. Schwarzmayer, 2001, S. 28).

Aus Letzterem ergibt sich, dass die Teilnehmerinnen an einer Weiterbildungsmaßnahme für Wiedereinsteigerinnen Aufmunterung brauchen, um ein Weiterlernen in Angriff nehmen zu können. Wie die verschiedenen Ansätze der Lerntheorien zeigen, liegt die Grundlage für den Erfolg von Weiterbildungsmaßnahmen immer in der Verfasstheit der Teilnehmerinnen. Jeder Wissensaufbau nimmt seinen Ausgang in der Person, deren Befindlichkeit über ihre Offenheit gegenüber Lernaktivitäten und damit über Erfolg oder Misserfolg der Bildungsarbeit entscheidet.

Ein Schlüsselwort für Erwachsenenbildung ist „Selbstbestimmung". Dies gilt insbesondere für Wiedereinsteigerinnen, die diese nach einer Zeit der familienbedingten Fremdbestimmung erst wieder erlernen müssen. Interesse und Selbsttätigkeit sind die Grundsteine gelingender Erwachsenenbildung (vgl. Meueler, 2010, S. 975). Ziel ist es nach Faulstich und Zeuner (2006, S. 35), den Widerspruch zwischen Mündigkeit und Persönlichkeitsentfaltung sowie der Funktionalität der Bildung in Hinblick auf die gewünschte Erwerbstätigkeit zu vermindern.

Wesentlicher Faktor für einen Lernerfolg ist die Einschätzung der eigenen Fähigkeit, die Anforderungen einer Situation bewältigen zu können. Seel (2003, S. 102 ff.) unterscheidet zwischen erfolgs- und misserfolgsorientierten Menschen. Erfolgsorientierte Menschen neigen zu Kausalattribuierungen mit selbstwertdienlichen Tendenzen. Das Gefühl des eigenen Nicht-Könnens hingegen führt zu Hoffnungslosigkeit bezüglich zukünftiger Anstrengungen (vgl. Mietzel, 2003, S. 338 ff.). Möller (2008, S. 272) nennt ebenfalls die Bedeutung des Selbstkonzeptes in Bezug auf die eigene Leistungsfähigkeit für den Lernerfolg. Bandura nannte die Auswirkungen der eigenen Erwartungen an die persönliche Leistungsfähigkeit „Selbstwirksamkeit". Gemeint ist damit die Überzeugung eines Menschen, Kontrolle über das eigenen Leben und dieses Leben betreffende Ereignisse zu haben (vgl. Bandura, 1993, S. 118).

Das Konzept des Lebenslangen Lernens wendet sich an alle Erwachsenen und geht davon aus, dass zur Erhaltung der gesellschaftlichen Teilhabechancen Lernen über die gesamte Lebensspanne notwendig ist. Anknüpfungsmöglichkeiten für Wiedereinsteigerinnen bieten biografietheoretische Ansätze der Erwachsenenbildung, die im Lebenslauf von Lernenden ihren Ausgang nehmen. Nach Arnold (2001, S. 154) gibt die Einbettung in die Biografie dem Lernen von Erwachsenen erst Sinn. Konstruktivistische Ansätze bestätigen die Biografizität von Erwachsenenbildung. Betont wird, dass Lernen eine selbst verarbeitende und konstruktive Tätigkeit ist, bei der Wissen aus eigenen Erfahrungen heraus konstruiert und auf bereits vorhandenem Wissen aufgebaut wird. Auslöser von Lernprozessen sind oftmals kritische Lebensereignisse, also eine Wendung der Biografie, die eine Kompetenzerweiterung notwendig erscheinen lässt.

Lernen in einer kohärenzorientierten Lernkultur soll Menschen dazu in die Lage versetzen, das eigene Leben als sinnvoll und erklärbar zu erleben und Widerstandsressourcen zu entwickeln, um sich den Anforderungen nicht hilflos ausgeliefert zu sehen. Der Weg dorthin führt laut Felbinger (2009, S. 167) über Verstehbarkeit des Lernens und Selbstbestimmung über Inhalte und Ziele, über Bewältigbarkeit in Sinne von Einbeziehung der Biografien der Lernenden und Bedeutsamkeit durch die Schaffung von persönlichem Sinn, um das Selbstvertrauen zu erhalten, das eigene Leben bewältigen zu können.

Die Chance von Berufsorientierungskursen ist es, den Blick auf Möglichkeiten und vor allem auf persönliche Potenziale zu öffnen. Ausgehend von den realen Lebenssituationen der Teilnehmerinnen sollen durch das Erforschen von Wünschen und Neigungen Schnittstellen zwischen dem Wollen und dem Möglichen gefunden werden.

Literatur

Alheit, Peter (1990): Biographizität als Projekt. Der "biographische" Ansatz in der Erwachsenenbildung (Werkstattberichte des Forschungsschwerpunktes "Arbeit und Bildung", Bd. 12). Universität Bremen.

Arnold, Rolf (2001): Erwachsenenbildung. Eine Einführung in Grundlagen, Probleme und Perspektiven. Baltmannsweiler: Schneider Verlag. Hohengehren. 4. Aufl.

Arnold, Rolf/Pätzold, Henning (2010): Weiterbildung und Beruf. In: Tippelt, Rudolf/Hippel, Aiga von (Hrsg.) (2010): Handbuch Erwachsenenbildung/ Weiterbildung. Wiesbaden: VS Verlag für Sozialwissenschaften. 4. Aufl. S. 653-664.

Bandura, Albert (1993): Perceived Self-Efficacy in Cognitive Development and Functioning. In: Educational Psychologist (1993). 28(2). Washington: American Association of Psychologists. S. 117-148

Bolder, Axel/Dobischat, Rolf (Hg.) (2009): Eigen-Sinn und Widerstand. Kritische Beiträge zum Kompetenzentwicklungsdiskurs. Wiesbaden: VS Verlag für Sozialwissenschaften

Brödel, Rainer (2010): Weiterbildung von Arbeitslosen. In: Tippelt, Rudolf/Schmidt Bernhard (Hrsg.) (2009): Handbuch Bildungsforschung. Wiesbaden: VS Verlag für Sozialwissenschaften. 2. Aufl. S. 905-916

Brüning, Gerhild/Kuwan, Helmut (2002): Benachteiligte und Bildungsferne – Empfehlungen für die Weiterbildung. Bielefeld: Bertelsmann.

Budde, Jürgen/Venth, Angela (2010): Genderkompetenz für lebenslanges Lernen: Bildungsprozesse geschlechterorientiert gestalten. Bielefeld: Bertelsmann.

Deutsche UNESCO-Kommission (Hrsg.) (1997): Lernfähigkeit: Unser verborgener Reichtum. UNESCO-Bericht zur Bildung für das 21. Jahrhundert. Berlin: Luchterhand-Verlag

Dietzen, Agnes/Westhoff, Gisela (2001): Qualifikation und Perspektiven junger Frauen in den neuen Berufen der Informations- und Kommunikationstechnologien. In: Berufsbildung in Wissenschaft und Praxis 6/2001. Bonn: BIBB, S. 26-30.

Drees, Gerhard (2010): Betriebliches Lernen und Organisationsentwicklung. Teil 3: Lernen und Lernprobleme in der beruflichen Bildung. Hagen: FernUniversität in Hagen, Fakultät für Kultur- und Sozialwissenschaften.

Educational Psychologist (1993). 28(2). Washington: American Association of Psychologists.

Egger, Rudolf/Mikula, Regina/Haring, Sol/Felbinger, Andrea/Pilch-Ortega, Angela (Hrsg.) (2008): Orte des Lernens. Lernwelten und ihre biographische Aneignung. Lernweltforschung Band 3. Wiesbaden: VS Verlag für Sozialwissenschaften.

Egloff, Birte (2011): Biographieorientierte Ansätze. In: Fuhr, Thomas/Gonon, Philipp/Hof, Christiane (Hrsg.) (2011): Erwachsenenbildung – Weiterbildung. Paderborn: Ferdinand Schöning Verlag. Handbuch der Erziehungswissenschaft 4. S. 153-161

Europäische Kommission (2000): Memorandum über Lebenslanges Lernen. Arbeitsdokument der Kommissionsdienststellen. Brüssel. www.bologna-berlin2003.de/pdf/MemorandumDe.pdf [Stand: 26.10.2011].

Faulstich, Peter/Ludwig, Joachim (Hrsg.) (2004): Expansives Lernen. Hohengehren: Schneider Verlag. Grundlagen der Berufs- und Erwachsenenbildung. Band 39

Faulstich, Peter/Zeuner, Christine (2008): Erwachsenenbildung. Eine handlungsorientierte Einführung in Theorie, Didaktik und Adressaten. Weinheim: Juventa Verlag. 3. Aufl.

Felbinger, Andrea (2009): Veränderte Lernkulturen im Spannungsfeld von Individuum und Gesellschaft. Entwurf eines Modells einer kohärenzorientierten Lernkultur für die Erwachsenenbildung. Graz: Karl-Franzens-Universität. Fakultät für Umwelt-, Regional- und Bildungswissenschaften.

Felden, Heide von (2003): Bildung und Geschlecht zwischen Moderne und Postmoderne – Zur Verknüpfung von Bildungs-, Biographie- und Genderforschung. Opladen: Leske + Budrich. Studien zu Erziehungswissenschaft und Bildungsforschung. Bd. 21

Felden, Heide von (2006): Lernprozesse über die Lebenszeit. Zur Untersuchung von Lebenslangem Lernen mit Mitteln der Biographieforschung. In: Wiesner, Gisela/Zeuner, Christine/Forneck, Hermann J. (2006): Teilhabe an der Erwachsenenbildung und gesellschaftliche Modernisierung. Dokumentation der Jahrestagung 2005 der Sektion Erwachsenenbildung der DGfE. Baltmannsweiler: Schneider Verlag Hohengehren. S. 217-233

Fuhr, Thomas/Gonon, Philipp/Hof, Christiane (Hrsg.) (2011): Erwachsenenbildung – Weiterbildung. Paderborn: Ferdinand Schöning Verlag. Handbuch der Erziehungswissenschaft 4.

Gary, Christian/Schlägl, Peter (Hrsg.) (2003): Erwachsenenbildung im Wandel. Theoretische Aspekte und Praxiserfahrungen zu Individualisierung und Selbststeuerung. Wien: Österreichisches Institut für Berufsbildungsforschung.

Gerstenmaier, Jochen/Mandl, Heinz (2010): Konstruktivistische Ansätze in der Erwachsenenbildung und Weiterbildung. In: Tippelt, Rudolf/Hippel, Aiga von (Hrsg.) (2010): Handbuch Erwachsenenbildung/Weiterbildung. Wiesbaden: VS Verlag für Sozialwissenschaften. 4. Aufl. S. 169-178.

Gieseke, Wiltrud u.a. (1995): Erwachsenenbildung als Frauenbildung. Frankfurt: Deutsches Insitut für Erwachsenenbildung.
Granato, Mona/Degen, Ulrich (Hrsg.) (2006): Berufliche Bildung von Frauen. Bonn: Bundesinstitut für Berufsbildung.

Gschiel, Monika (1997): Kreative Methoden in der Berufsorientierung für Frauen. Graz: Karl-Franzens-Universität, Geisteswissenschaftliche Fakultät. Diplomarbeit.

Grotlüschen, Anke (2006): Dreifache Selektivität durch Flexibiisierung des Lernens? In: Wiesner, Gisela/Zeuner, Christine/Forneck, Hermann J. (2006): Teilhabe an der Erwachsenenbildung und gesellschaftliche Modernisierung. Dokumentation der Jahrestagung 2005 der Sektion Erwachsenenbildung der DgfE. Baltmannsweiler: Schneider Verlag Hohengehren. S. 107-122

Gruber, Hans/Harteis, Christian (2008): Lernen und Lehren im Erwachsenenalter. In: Renkl, Alexander (Hrsg.) (2008): Lehrbuch Pädagogische Psychologie. Bern: Hans Huber Verlag. S. 205-262.

Haidacher, Christiane (2007): Frauenweiterbildung als Chance für den Wiedereinstieg ins Berufsleben mit einem Dänemark-Exkurs zu Vergleichszwecken. Diplomarbeit. Graz.

Hof, Christiane (2009): Lebenslanges Lernen. Eine Einführung. Stuttgart: Kohlhammer.

Holzkamp, Klaus (2004): Wider den Lehr-Lern-Kurzschluß. Interview zum Thema ‚Lernen'. In: Faulstich, Peter/Ludwig, Joachim (Hrsg.): Expansives Lernen, S. 29-38.

Kade, Jochen/Seitter, Wolfgang (1996): Lebenslanges Lernen. Mögliche Bildungswelten. Opladen: Leske und Budrich. Studien zur Erziehungswissenschaft und Bildungsforschung, Band 10.

Kaiser, Arnim (2011): Individuelle Komponenten des Lernens Erwachsener. In: Fuhr, Thomas/Gonon, Philipp/Hof, Christiane (Hrsg.) (2011): Erwachsenenbildung – Weiterbildung. Paderborn: Ferdinand Schöning Verlag. Handbuch der Erziehungswissenschaft 4. S. 91-109

Kapeller, Doris/Stiftinger, Anna (2010): Bildungsbenachteiligten Frauen den Wiedereinstieg ins Lernen ermöglichen. Bildungswünsche und –bedarfe von nicht erwerbstätigen Frauen mit Pflichtschule als höchstem Abschluss. In: MAGAZIN erwachsenenbildung.at. Das Fachmedium für Forschung, Praxis und Diskurs, Ausgabe 10/2010.

Kirschner, Michaela (1997): Der berufliche Wiedereinstieg von Frauen als pädagogische Herausforderung an die Erwachsenenbildung. Dissertation. Wien.

Klein, Rosemarie/Ahlke, Matthias (2009): Lernberatung und Kompetenzentwicklung: „Ich hatte immer schon eine Vision im Kopf, wie Lernen stattfinden müsste...". In: Bolder, Axel/Dobischat, Rolf (Hg.) (2009): Eigensinn und Widerstand. Kritische Beiträge zum Kompetenzentwicklungsdiskurs. Wiesbaden: S. 243-259

Knowles, Malcom S. (2007): Lebenslanges Lernen. Andragogik und Erwachsenenbildung. München: Elsevier Verlag. 6. Aufl.

Krenn, Manfred (2010): Gering qualifiziert in der „Wissensgesellschaft" - Lebenslanges Lernen als Chance oder Zumutung? Wien: Kammer für Arbeiter und Angestellte, Abt. Wirtschaftswissenschaften und Statistik

Kurth, Ulrike (2008): Aller Anfang ist leicht – Strategien zum Wiedereinstieg in Lernprozesse – Schwerpunkt „Frauenbildung". In: Egger, Rudolf/Mikula, Regina/Haring, Sol/Felbinger, Andrea/Pilch-Ortega, Angela (Hrsg.) (2008): Orte des Lernens. Lernwelten und ihre biographische Aneignung. Lernweltforschung Band 3. Wiesbaden: VS Verlag für Sozialwissenschaften. S. 169-179.

Lassnigg, Lorenz (Hrsg.) (2010): Ziegruppen der Erwachsenenbildung. In: MAGAZIN erwachsenenbildung. Wien.

Lutz, Hedwig (2004): Wiedereinstieg und Beschäftigung von Frauen mit Kleinkindern. Ein Vergleich der bisherigen Karenzregelung mit der Übergangsregelung zum Kinderbetreuungsgeld. Studie im Auftrag der Arbeiterkammer Wien, WIFO http://wifo.ac.at/wwa/jsp/index.jsp?fid=23923&id=24945&typeid=8&display_mode=2. [2.11.2011]

MAGAZIN erwachsenenbildung.at. Das Fachmedium für Forschung, Praxis und Diskurs, Ausgabe 10/2010.

Meueler, Erhard (2010): Didaktik der Erwachsenenbildung – Weiterbildung als offenes Projekt. In: Tippelt, Rudolf/Hippel, Aiga von (Hrsg.) (2010): Handbuch Erwachsenenbildung/Weiterbildung. Wiesbaden: VS Verlag für Sozialwissenschaften. 4. Aufl. S. 973-987

Mietzel, Gerd (2003): Pädagogische Psychologie des Lernens und Lehrens. Göttingen: Hofgrefe Verlag. 7. Aufl.

Möller, Jens (2008): Lernmotivation. In: Renkl, Alexander (Hrsg.) (2008): Lehrbuch Pädagogische Psychologie. Bern: Hans Huber Verlag. S. 263-298

Munz, Claudia (2005): Berufsbiografie selbst gestalten. Wie sich Kompetenzen für die Berufslaufbahn entwickeln lassen. Bielefeld: Bertelsmann.

Munz, Eva/Seifert, Wolfgang/Cloos, Bertram(2007): Frauen zwischen Beruf und Familie. Entwicklungen in NRW 1997-2005. Düsseldorf: Ministerium für Generationen, Familie, Frauen und Integration des Landes Nordrhein-Westfalen.

Nazarevic, Doris (2010): Die Bedeutung von geschlechtergerechter Didaktik für die Arbeit im Bereich der Erwachsenenbildung. Wien. Studienarbeit.

Pravda, Gisela (2006): Kriterien für frauengerechtes Lehren und Lernen. In: Granato, Mona/Degen, Ulrich (Hrsg.) (2006): Berufliche Bildung von Frauen. Bonn: Bundesinstitut für Berufsbildung.

Puhlmann, Angelika (2006a): Genderkompetenz in der Aus- und Weiterbildung – Strategien, Nutzen und Umsetzung. In: Granato, Mona/Degen, Ulrich (Hrsg.) (2006): Berufliche Bildung von Frauen. Bonn: Bundesinstitut für Berufsbildung.

Puhlmann, Angelika (2006b): Welche Rolle spielt das Geschlecht bei der Berufswahl? In: Granato, Mona/Degen, Ulrich (Hrsg.) (2006): Berufliche Bildung von Frauen. Bonn: Bundesinstitut für Berufsbildung.

Püttjer, Christian/Schniederda, Uwe (2001): Wiedereinstieg für Frauen. Optimale Bewerbungsstrategien nach der Familienphase. Frankfurt am Main: Campus.

Reischmann, Jost (2011): Formen des Lernens Erwachsener. In: Fuhr, Thomas/Gonon, Philipp/Hof, Christiane (Hrsg.) (2011): Erwachsenenbildung – Weiterbildung. Paderborn: Ferdinand Schöning Verlag. Handbuch der Erziehungswissenschaft 4. S. 111-122

Renkl, Alexander (Hrsg.) (2008): Lehrbuch Pädagogische Psychologie. Bern: Hans Huber Verlag.

Schemme, Dorothea (2006): Genderperspektiven in der beruflichen Bildung. In: Granato, Mona/Degen, Ulrich (Hrsg.) (2006): Berufliche Bildung von Frauen. Bonn: Bundesinstitut für Berufsbildung.

Schiersmann, Christiane (1993): Frauenbildung. Konzepte, Erfahrungen, Perspektiven. Weinheim und München: Juventa Verlag. Grundlagentexte Pädagogik.

Schiersmann, Christiane (1995): Berufliche Weiterbildung im Interesse von Frauen. Erfahrungen und Perspektiven. In: Gieseke, Wiltrud u.a. (1995): Erwachsenenbildung als Frauenbildung. Frankfurt: Deutsches Institut für Erwachsenenbildung. S. 77-103.

Schmidt, Bernhard (2009): Bildung im Erwachsenenalter. In: Tippelt, Rudolf/Schmidt Bernhard (Hrsg.) (2009): Handbuch Bildungsforschung. Wiesbaden: VS Verlag für Sozialwissenschaften. 2. Aufl. S. 661-675

Schmidt, Ralph/Spree, Ulrike (Hrsg.) (2005): Gender und Lebenslauf in der New Economy. Analysen zu Karrieremustern, Leitbildern und Lebenskonzepten. Münster: LIT-Verlag (Gender Studies in den Angewandten Wissenschaften. Gender Studies & Applied Sciences).

Schwarzmayr, Elisabeth (2001): Wiedereinsteigerinnen in der Weiterbildung. Diplomarbeit. Wien.

Seel, Norbert M. (2003): Psychologie des Lernens. München: Ernst Reinhardt Verlag. 2. Aufl.

Siebert, Horst (2007): Vernetztes Lernen. Systemisch-konstruktivistische Methoden der Bildungsarbeit. Augsburg: Ziel Verlag. Grundlagen der Weiterbildung. 2. Aufl.

Siebert, Horst (2009): Didaktisches Handeln in der Erwachsenenbildung. Didaktik aus konstruktivistischer Sicht. Augsburg: Ziel Verlag. Grundlagen der Weiterbildung. 6. Aufl.

Stamm-Riemer, Ida (Hrsg.) (2004): Lebenslanges Lernen. Berlin: Berliner Wissenschafts-Verlag. Bildung in neuer Verfassung, Band 2.

Statistik Austria (2011a): Arbeitsmarkstatisik Jahresergebnisse 2010. Mikrozensus-Arbeitskräfteerhebung.
http://www.statistik.at/web_de/dynamic/services/publikationen/3/publdetail?id=3&listid=3&detail=342 [30.11.2011]

Statisik Austria, Bildungsstandregister 2008. Erstellt am 11.02.2011
http://www.statistik.at/web_de/statistiken/bildung_und_kultur/bildungsstand_der_bevoelkerung/042872.html [28.09.2011].

Tippelt, Rudolf/Hippel, Aiga von (Hrsg.) (2010): Handbuch Erwachsenenbildung/Weiterbildung. Wiesbaden: VS Verlag für Sozialwissenschaften. 4. Aufl.

Tippelt, Rudolf/Schmidt Bernhard (Hrsg.) (2009): Handbuch Bildungsforschung. Wiesbaden: VS Verlag für Sozialwissenschaften. 2. Aufl.

Venth, Angela (2006): Gender-Porträt Erwachsenenbildung: Diskursanalytische Reflexionen zur Konstruktion des Geschlechterverhältnisses im Bildungsbereich. Bielefeld: Bertelsmann.

Wiesner, Gisela/Zeuner, Christine/Forneck, Hermann J. (2006): Teilhabe an der Erwachsenenbildung und gesellschaftliche Modernisierung. Dokumentation der Jahrestagung 2005 der Sektion Erwachsenenbildung der DgfE. Baltmannsweiler: Schneider Verlag Hohengehren

Wroblewski, Angela/Latcheva, Rossalina/Leitner, Andrea (2009): Qualifikation und Wiedereinstieg. Situation (formal) niedrig qualifizierter Frauen. Projektbericht. Wien: Institut für Höhere Studien.

Zeuner, Christine/Faulstich, Peter (2009): Erwachsenenbildung – Resultate der Forschung. Entwicklung, Situationen und Perspektiven. Weinheim und Basel: Beltz Verlag

Broschüren, in die Einsicht genommen wurde:

Frauen mit Zukunft: Berufliche Einstiege, Umstiege und Aufstiege mit Unterstützung des AMS. Wien: AMS

Perspektive Beruf: Ein Arbeits- und Serviceheft für arbeitslose Frauen zur Planung des Wiedereinstiegs nach der Karenz. Wien: AMS

Wiedereinstieg mit Zukunft. Wien. BEST. Im Auftrag des Arbeitsmarktservice Wien